POSSESSIONS DU CONGO FRANÇAIS

ET DÉPENDANCES

RAPPORT D'ENSEMBLE

SUR LA

SITUATION GÉNÉRALE EN 1906

PARIS

ÉMILE LAROSE, LIBRAIRE-ÉDITEUR

11, Rue Victor-Cousin, 11

1908

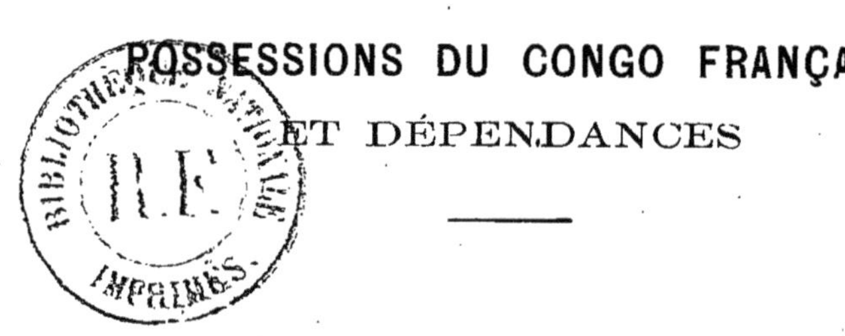

POSSESSIONS DU CONGO FRANÇAIS

ET DÉPENDANCES

RAPPORT D'ENSEMBLE

SUR LA

SITUATION GÉNÉRALE EN 1906

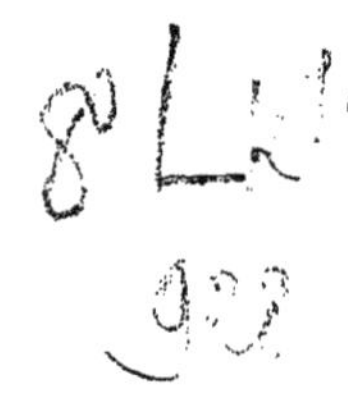

A LA MÊME LIBRAIRIE

POSSESSIONS DU CONGO FRANÇAIS
ET DÉPENDANCES

RAPPORT D'ENSEMBLE

SUR LA

SITUATION GÉNÉRALE EN 1906

PARIS
ÉMILE LAROSE, LIBRAIRE-ÉDITEUR
11, Rue Victor-Cousin, 11

1908

POSSESSIONS DU CONGO FRANÇAIS
ET DÉPENDANCES

RAPPORT D'ENSEMBLE

SUR LA

SITUATION GÉNÉRALE EN 1906

SITUATION FINANCIÈRE DE L'EXERCICE 1906

L'organisation du 29 décembre 1903, avait créé, en dehors des budgets locaux des colonies du Moyen-Congo et du Gabon, une section spéciale au budget du Moyen-Congo, où se trouvaient inscrites les annuités des emprunts, les contingents à verser éventuellement à l'Etat, les subventions à allouer le cas échéant, au Gabon et au Moyen-Congo ; les dépenses du Commissariat général, des services communs, de la Magistrature, de l'établissement des lignes télégraphiques ; puis les dépenses politiques, du Trésor, de la navigation et enfin l'intégralité des dépenses des territoires de l'Oubangui-Chari et du Tchad.

Cette section spéciale était alimentée par la subvention métropolitaine, le droit de statistique, les taxes télégraphiques, le contingent à recevoir, le cas échéant, des budgets du Gabon et du Moyen-Congo, le montant des emprunts, puis, par un prélèvement, fixé par le Ministre, sur les recettes domaniales, par les recettes de navigation et enfin par l'intégralité des recettes de l'Oubangui-Chari et du Tchad.

La réorganisation de 1906 a établi un budget nouveau de la colonie de l'Oubangui-Chari, Tchad ; elle a modifié ceux du Moyen-Congo et du Gabon et créé un budget général des possessions du Congo français et dépendances, qui a remplacé en quelque sorte le budget de la Section spéciale, avec, toutefois, certaines modifications importantes.

A ce budget restent non seulement inscrites les dépenses propres au Commissariat général, celles des services communs du Congo français et dépendances (*Commissariat spécial près les sociétés concessionnaires ; Propriété foncière et Agriculture*) de la Magistrature, du Trésor, de l'établissement des lignes télégraphiques, de la Navigation, les annuités des emprunts, les subventions à verser le cas échéant aux budgets locaux du Gabon, du Moyen-Congo et de l'Oubangui-Chari-Tchad ; mais il y a été aussi ajouté les dépenses du Personnel et du Matériel, de l'Administration indigène, de la Milice, des Postes et Télégraphes, de l'Instruction publique, des Travaux publics (*dépenses inscrites auparavant, sauf, en ce qui concerne l'Oubangui-Chari-Tchad, dans les budgets autonomes*) et enfin, toutes les autres dépenses pouvant présenter un caractère d'intérêt général.

Il est alimenté par le produit des droits de toute nature perçus sur les marchandises à l'entrée et à la sortie dans toute l'étendue des possessions du Congo français et dépendances ; par les recettes de tout ordre réalisées sur la navigation fluviale, par les taxes télégraphiques de transit à travers tous les territoires du groupe, par les produits des terres domaniales et par les contributions à recevoir éventuellement des budgets locaux du Gabon, du Moyen-Congo et de l'Oubangui-Chari-Tchad.

*
* *

La réorganisation financière du Congo français et dépendances n'a pris date qu'au 1er juillet 1906. Jusqu'au 30 juin précédent, les budgets du Gabon, du Moyen-Congo et de la Section spéciale ont donc continué à fonctionner comme par le passé.

Cependant, les instructions générales du 31 mai prescrivaient aux divers gouvernements de faire établir un compte définitif exact, comme si le budget de l'exercice 1906 avait été mis en vigueur à partir du 1er janvier.

En raison des dépenses considérables imposées à la suite de la réorganisation administrative du 11 février, l'exercice 1906 était voué, en principe, à se solder par un excédent de dépenses : le Budget général était équilibré, d'ailleurs au moyen d'un prélèvement de francs 1.085.000 sur la caisse de réserve.

Le Congo pouvait vraisemblablement faire cet effort car la

caisse de réserve avait atteint son maximum à la fin de l'exercice 1905. La somme de 735.154 fr. 51 en excédent sur ce maximum et incorporée au budget de 1906, devait servir à effectuer de fortes dépenses imprévues au nombre desquelles figure le paiement global de 500.000 francs dûs aux maisons anglaises en vertu de la convention intervenue le 14 mai 1906.

Il n'est pas douteux néanmoins qu'il y avait quelque témérité à assumer la lourde charge de la réorganisation.

C'est pourquoi en présentant son projet de budget à l'approbation du département en juillet 1906, le Commissaire général s'exprimait ainsi :

Budget général. — « J'ai cherché en établissant ce budget à « faire face aux principales dépenses indiquées par vous dans « les instructions que vous m'avez données. J'ai donc dû assu« rer l'équilibre budgétaire au moyen d'un prélèvement sur la « caisse de réserve. Et c'est pour cette raison que le budget « que je vous propose s'explique sans s'excuser ».

Toutefois l'administration supérieure de la Colonie estimait en même temps que, par suite d'une plus-value des recettes douanières augmentée de celle escomptée sur la participation aux bénéfices des Sociétés concessionnaires le chiffre de 1.085.000 fr. montant du prélèvement nécessaire à assurer l'équilibre budgétaire serait considérablement diminué.

Ces espérances n'ont pas été déçues et si l'on tient compte des difficultés exceptionnelles auxquelles il a fallu faire face, une constatation de ce genre dénote, en faveur de ce pays, une vitalité, un ressort peu ordinaires.

En effet, bien que le budget général s'équilibre au 30 juin 1907, à l'aide d'un prélèvement s'élevant seulement à 140 mille 816 fr. 46 sur les fonds de réserve, il convient de noter que l'ensemble de l'exercice se solde par un excédent de recettes s'élevant à francs 226.323 fr. 63 et se décomposant de la manière suivante :

1° Budget de l'Oubangui-Chari (*a*). Excédent des recettes	209.061	28
2° Budget du Tchad (*a*). Excédent des recettes.	160.296	26
3° Budget du Moyen-Congo —	24.443	71
Total . . .	393.801	25

(*a*) Voir rapports d'ensemble des diverses colonies du groupe.

Cette somme est à diminuer de l'excédent de dépenses du budget général (*b*).	140.816 46
	252.984 79
Puis également de l'excédent des dépenses présenté par le budget local du Gabon (*a*) soit .	26.661 16
	226.323 63

Le compte définitif de la colonie du Gabon signale bien qu'une somme de 33.338 fr. 84 a été versée le 30 juin 1907 en caisse de réserve, mais il a été prélevé en cours d'exercice une somme de 60.000 francs prévue d'ailleurs au chapitre 5 des recettes pour l'équilibre budgétaire ce qui en réalité, donne un excédent de dépenses de 26.661 16

La majeure partie des dépenses occasionnées au budget général par la réorganisation administrative, celles, surtout, relatives à des constructions d'immeubles, aux transports y afférents, ainsi qu'à divers frais de premier établissement ne sont pas susceptibles de se renouveler. Elles représentent un chiffre appréciable de 390.000 francs et qui doit théoriquement être considéré comme une *avance* consentie, sur 1906, aux exercices de l'avenir.

Au surplus, cette « avance » aurait pu faire l'objet d'un compte spécial soldé par un prélèvement d'égale importance sur la caisse de réserve et dégageant d'autant le budget général, qui aurait alors accusé un notable excédent de recettes.

Une telle opération n'a pas été jugée opportune. L'exercice 1907 s'en trouvera allégé et c'est là, évidemment, le but qu'on a voulu atteindre, en liquidant sur 1906 toutes les dépenses de la réorganisation.

Les tableaux ci-après permettent en examinant par chapitres le détail des recettes et des dépenses de se rendre compte des résultats exposés ci-dessus en ce qui concerne le budget général.

(*b*) L'excédent des recettes sur les dépenses pour l'ensemble des possessions du Congo a permis de reverser cette somme de 140.816 fr. 46 dans la caisse de réserve du budget général (l'encaisse de cette dernière se trouve ainsi portée de nouveau à son maximum de 1.000.000 de francs).

Recettes

RECETTES	PRÉVISIONS	RECETTES EFFECTUÉES	DIFFÉRENCES EN PLUS	DIFFÉRENCES EN MOINS
Chap. 1er : Subvention métropolitaine .	665.000 »	665.000 »	»	»
» 2 Contributions des colonies . .	15.000 »	15.000 »	»	»
» 3 Contributions indirectes . . .	2.367.730 »	2.909.266 56	541.536 56	»
» 4 Produits divers .	113.000 »	40.011 87	»	72.988 13
» 5 Recettes domaniales . . .	531.000 »	842.378 29	311.378 29	»
» 6 Recettes d'exercices clos. . .	255.000 »	337.096 50	82.096 50	»
» 7 Prélèvement . .	1.085.000 »	140.816 46	»	944.183 54
» 8 Recettes d'ordre.	»	»	»	»
Totaux . .	5.031.730 »	4.949.569 68	935.011 35	1.017.171 67
Recettes extraordinaires :				
» 9 Incorpor. au budget de l'exercice 1906 des sommes en excéd. sur le maximum fixé pour l'enc. des réserves.	»	735.154 51	735.154 51	»
» 10 *Recettes extraordinaires (emprunt)* . . .	235.153 65	389.196 68	154.043 03	»
Totaux généraux. .	5.266.883 65	6.073.920 87	1.824.208 89	1.017.171 67
	807.037 22		807.037 22	

Dépenses

DÉPENSES	PRÉVISIONS EN 1906	DÉPENSES RÉELLES	DIFFÉRENCE AVEC LES PRÉVISIONS	
			En plus	en moins
Chap. 1er : Contrib. et dettes exigibles . .	124.631 68	624.631 68	500.000 »	»
» 2 Dép. d'administrat. générale.	313.121 35	309.171 15	»	3.950 20
» 3 Subventions. .	»	»	»	»
» 4 Commissar. spécial . . .	155.500 »	85.992 29	»	69.507 71
» 5 Serv. communs.	776.615 50	704.929 44	»	71.686 06
» 6 Dép. d'administrat. Indigène	2.126.545 26	1.625.173 30	»	501.371 96
» 7 Serv. du Trésor.	73.200 »	135.489 89	62.289 89	»
» 8 Instruct. Publiq.	71.000 »	37.215 70	»	33.784 30
» 9 Serv. judiciaire.	180.180 »	120.724 70	»	59.455 30
» 10 Travaux Publics	832.936 21	855.749 81	22.813 60	»
» 11 Frais de voyages et transports.	205.000 »	612.710 20	407.710 20	»
» 12 Dépens. diverses imprévues. .	173.000 »	420.805 72	247.805 72	»
» 13 Dép. d'exercices clos . . .	»	136.385 86	136.385 86	»
» 14 Dépenses d'ordre	»	15.744 45	15.744 45	»
Totaux. . .	5.031.730 »	5.684.724 19	1.392.749 72	739.755 53
» 15 *Dép. extraordinaires*. .	235.153 65	389.196 68	154.043 03	»
Totaux généraux. .	5.266.883 65	6.073.920 87	1.546.792 75	739.755 53
	807.037 22		807.037 22	

Budget du Moyen-Congo

Recettes

NOMENCLATURE	PRÉVISIONS	RECOUVREMENT	DIFFÉRENCE	
			EN PLUS	EN MOINS
Chap. 1er : Contributions directes	22.000 »	31.246 50	9.246 50	»
» 2 Divers produits et revenus	57.700 »	93.740 68	36.040 68	»
» 3 Perceptions indigènes.	260.000 »	235.104 19	»	24.895 81
» 4 Recettes d'ordre	P. m.	»	»	»
» 5 Prélèvement	13.700 »	125.000 (1)	111.300 »	»
Totaux	353.400 »	485.091 37	156.587 18	24.895 81
	131.691 37		131.691 37	

(1) La somme de 125.000 francs représente le versement de la part du Moyen-Congo dans le premier paiement fait aux maisons anglaises ; la somme de 13.700 francs qui avait été *inscrite* pour assurer l'équilibre budgétaire n'a pas été prélevée à la caisse de réserve, les recettes ordinaires ayant suffi au paiement des dépenses de même nature.

Dépenses

NOMENCLATURE	PRÉVISIONS	DÉPENSES	DIFFÉRENCE	
			EN PLUS	EN MOINS
Chapitre 1er : Dettes exigibles	P. m.	125.000 »	125.000 »	»
» 2 Gouvernement	53.405 »	42.760 04	»	10 644 96
» 3 Services administratifs	34.300 »	25.442 14	»	8.857 86
» 4 Enregistrement Curatelle	13.000 »	13.307 11	307 11	»
» 5 Service de santé	72.008 29	67.341 06	»	4.667 23
» 6 Police et prisons	52.200 »	34.805 64	»	17.394 36
» 7 Imprimerie	25.000 »	26.543 39	1.543 39	»
» 8 Frais de voyages et transports	50.000 »	45.931 50	»	4.068 50
» 9 Dépenses diverses et imprévues	53.486 71	57.042 13	3.555 42	»
» 10 Dépenses d'exercices clos	P. m.	»	»	»
» 11 Dépenses d'ordre	P. m.	22 474 65	22.474 65	»
Totaux	353.400 »	460.647 66	152.880 57	45.632 91
	107.247 66		107.247 66	

Colonie du Gabon.

Recettes.

NOMENCLATURE	PRÉVISIONS	RECOUVREMENTS	DIFFÉRENCE	
			EN PLUS	EN MOINS
Chapitre 1er : Contributions directes.	75.000 »	79.827 55	4.827 55	»
» 2 Divers produits et revenus . . .	86.000 »	115.655 19	29.655 19	»
» 3 Perceptions indigènes.	175.000 »	165.242 20	»	9.757 80
» 4 Recettes d'ordre	P. m.	»	»	»
» 5 Prélèvement.	60.000 »	60.000 »	»	»
TOTAUX	396.000 »	420.724 94	34.482 74	9.757 80
	24.724 94		24.724 94	

Dépenses

NOMENCLATURE	PRÉVISIONS	DÉPENSES	DIFFÉRENCE	
			EN PLUS	EN MOINS
Chap. 1er : Dettes exigibles . . .	P. m.	125.000 » (1)	125.000 »	»
» 2 Gouvernement . . .	75.520 »	72.789 08	»	2.730 92
» 3 Secrétariat général . .	51.660 »	54.538 »	2.878 »	»
» 4 Enregistrement. Curatelle	9.900 »	6.789 68	»	3.110 32
» 5 Service de santé. . .	102 320 »	87.373 87	»	14.946 13
» 6 Service du port . . .	19.580 »	11.518 48	»	8.061 52
» 7 Police et prisons. . .	41.250 »	46.506 34	5.256 34	»
» 8 Imprimerie	22.660 »	19.012 55	»	3.647 45
» 9 Frais de voyages et de transports	20.000 »	29.667 09	9.667 09	»
» 10 Dépenses diverses et imprévues	53.110 »	59.174 01	6.064 01	»
» 11 Dépenses d'ordre . .	P. m.	17 «	17 »	»
» 12 Dépens. extraordinaires.	P. m.	113.004 45 (1)	113.004 45	»
TOTAUX. . . .	396.000 »	625.390 55	261.886 89	32.496 34
	229.390 55		229.390 55	

(1) Ces dépenses ont fait l'objet de prélèvements sur la Caisse de réserve de la colonie, non indiqués dans le tableau des Recettes.

Oubangui-Chari.

Recettes.

NOMENCLATURE	PRÉVISIONS	RECOUVREMENTS	DIFFÉRENCE EN PLUS	DIFFÉRENCE EN MOINS
Chapitre 1er : Contributions directes	2.900 »	2.290 »	»	610 »
» 2 Divers produits et revenus	115.100 »	189.952 85	74.852 85	»
» 3 Perceptions indigènes	130.000 »	221.450 77	91.450 77	»
» 4 Recettes d'ordre	»	»	»	»
» 5 Recettes extraordinaires	»	»	»	»
Totaux	248.000 »	413.693 62	166.303 62	610 »
	165.693 62		165.693 62	

Dépenses.

NOMENCLATURE	PRÉVISIONS	DÉPENSES	DIFFÉRENCE	
			EN PLUS	EN MOINS
Chap. 1er : Dettes exigibles	»	»	»	»
» 2 Gouvernement.	58.780 »	48.742 88	»	10.037 12
» 3 Secrétariat général	47.560 »	31.561 65	»	15.998 35
» 4 Enregistrement. Curatelle	7.930 »	1.177 »	»	6.753 »
» 5 Service de santé	40.278 71	23.166 05	»	17.112 66
» 6 Police et prisons	25.414 »	10.145 12	»	15.268 88
» 7 Imprimerie	19.000 »	7.846 16	»	11.153 84
» 8 Frais de voyages et transports . . .	25.000 »	60.733 97	35.733 97	»
» 9 Dépenses diverses et imprévues. . .	24.037 29	21.034 51	»	3.002 78
» 10 Dépenses d'exercices clos	»	225 »	225 »	»
Totaux.	248.000 »	204.632 34	35.958 97	79.326 63
	43.367 66		43.367 66	

Tchad.

Recettes.

NOMENCLATURE	PRÉVISIONS	RECOUVREMENTS	DIFFÉRENCE	
			EN PLUS	EN MOINS
Chapitre 1er : Contributions directes	480 »	360 50	»	119 50
» 2 Divers produits et revenus	52.520 »	96.014 72	43.494 72	»
» 3 Perceptions indigènes	167.000 »	222.214 47	55.214 47	»
» 4 Recettes d'ordre	P. m.	»	»	»
» 5 Prélèvement	P. m.	»	»	»
TOTAUX	220.000 »	318.589 69	98.709 19	119 50
	98.589 69		98.589 69	

Dépenses.

NOMENCLATURE			PRÉVISIONS	DÉPENSES	DIFFÉRENCE	
					EN PLUS	EN MOINS
Chapitre	1er :	Dettes exigibles	108.000 »	108.000 »	»	»
»	2	Dépenses d'administration	41.523 28	16.918 78	»	24.604 50
»	3	Personnel indigène	8.747 64	6.253 »	»	2.494 64
»	4	Police et prisons.	7.907 74	1.729 45	»	6.178 29
»	5	Frais de voyage, etc.	20.000 »	11.012 91	»	8.987 09
»	6	Dépenses diverses et imprévues . .	33.821 34	22.219 48	»	11.601 86
»	7	Dépenses d'exercices clos	»	»	»	»
»	8	Dépenses d'ordre	»	»	»	»
»	9	Dépenses extraordinaires	»	»	»	»
		TOTAUX	220.000 »	166.133 62	»	53.866 38
		A déduire annulations	»	7.849 19	»	7.840 19
			»	158.293 43	»	61.706 57
			61.706 57		61.706 57	

Situation des Caisses de réserve au 30 juin 1907.

La situation de l'avoir des caisses de réserve du budget général et des colonies du Groupe au 30 juin 1907 était la suivante :

Budget général	859.183 54
Gabon	237.038 44
Moyen-Congo.	350.000 »
Oubangui-Chari-Tchad.	350.000 »
Au total	1.796.221 98

Par suite du versement de la somme de 393.801 fr. 25 montant de l'excédent de recettes de l'Oubangui-Chari-Tchad et du Moyen-Congo, la caisse de réserve du budget général s'est trouvée portée à 1.252.984 79
alors que le maximum réglementaire est fixé à. 1.000.000 »

Soit un excédent de 252.984 79

Il a paru équitable de compléter la caisse de réserve du Gabon à son maximum, c'est à cet effet qu'il a été prélevé 12.961 56
Une somme de 24.246 25
a été aussi incorporée au budget de l'Oubangui-Chari-Tchad pour lui permettre de liquider des dépenses tombées en exercice clos.

Enfin le budget général a incorporé dans ses recettes une somme de 215.776 98
qui lui permettra de faire face aux nombreuses dépenses qui lui incombe.

Au total 252.984 79

Il résulte de ces différentes opérations que les caisses de réserve du budget général et des Colonies formant l'ensemble des possessions du Congo français se trouvent à ce jour atteindre la maximum réglementaire de . . . . 1.950.000 »

Trésor.

Le mouvement du numéraire pour l'année 1906, dans la caisse de la Trésorerie du Moyen-Congo, a été le suivant :

	BILLETS DE BANQUE	OR	THALERS	ECUS ET MONNAIE DIVISIONNAIRE	BILLON	TOTAL	OBSERVATIONS
Solde au 31 déc. 1905 chez le trésorier-payeur.	477.500	2.000	»	58.645	57	538.202	
Fonds reçus de la métropole en 1906	300.000	»	329.120	1.080.000	20.000	1.729.120	
Total . .	777.500	2.000	329.120	1.138.645	20.057	2.267.322	
Fonds envoyés :							
à Bangui . . .	100.000	»	150.000	250.000	»	(1) 500.000	(1) L'envoi de 500.000 fr. a été fait au préposé du Trésor antérieurement au 30 juin 1906. La Trésorerie de l'Oubangui-Chari-Tchad, créée à cette époque, n'a pas fait de demande de fonds en France jusqu'au 31 décembre 1906. Cette région s'est donc trouvée approvisionnée par les soins de la Trésorerie du Moyen-Congo pour l'année entière.
à Impfondo . .	»	»	»	19.950	50	20.000	
à Loukoléla . .	»	»	»	35.000	1.000	36.000	
à Madingou . .	»	»	»	25.000	»	25.000	
à Mongoumba. .	»	»	»	44.000	»	44.000	
à Nola	»	»	96.000	10.000	»	106 000	
à Ouesso . . .	»	»	»	35.000	»	35.000	
Total . . .	100.000	»	246.000	418.950	1.050	766.000	
Reste. . .	677.500	2.000	83.120	719.695	19.007	1.501.322	
Solde en caisse au 31 déc. 1906 .	900.500	3.420	108.000	544.550	19.600	1.576.070	
Balance des opér. faites en numér. au guichet — augm.	223.000	1.420	24.880	»	593	74.748	
Balance des opér. faites en numér. au guichet — dimin.	»	»	»	175.145	»	»	

Tableau indiquant le total des opérations constatées au compte « Caisse ».

1° RECETTES EN NUMÉRAIRE			2° DÉPENSES EN NUMÉRAIRE		
FONDS REÇUS de la Métropole	RECETTES effectivés au guichet	TOTAL	FONDS envoyés à l'intérieur de la colonie	DÉPENSES effectives au guichet	TOTAL
1.729.120	4.774.780	6.503 900	766.000	4.700.030	5.466.030

Le mouvement des articles d'argent (postes métropolitaines) se résume comme suit :

	BRAZZAVILLE	BANGUI (Centralisation des opérations faites jusqu'au 30 juin 1906)	LOANGO (Centralisation des opérations faites jusqu'au 31 octob. 1906)	TOTAL
Mandats émis	586 040 84	181.484 04	40.064 32	807.589 20
Mandats payés.	1.108.370 49	833 88	47.933 15	1.157.137 52

Le montant des mandats-poste locaux (mandats bleus) dont l'émission a été constatée dans les écritures de la Trésorerie en 1906 est de 180.578 59

Les payements centralisés pendant la même période s'élèvent à 210.742 92

Le compte de fonds du Trésor présente au 31 décembre 1906 un solde créditeur de . . . 884.942 51

Celui du Moyen-Congo, un solde créditeur de. 124.012 12

Celui du budget général » » 1.567.975 »

L'actif de la caisse de réserve du Moyen-Congo est de. . . . . 350.000 »

Celui du budget général est de . . . . . . 1.000.000 »

RENSEIGNEMENTS COMMERCIAUX

CONCERNANT L'ENSEMBLE

DES

POSSESSIONS DU CONGO FRANÇAIS

ET DÉPENDANCES

RAPPORT COMMERCIAL

ENSEMBLE DES POSSESSIONS
DU CONGO FRANÇAIS ET DÉPENDANCES

Tableau général de la valeur des Importations et Exportations de l'année 1906.

1° Commerce entre la France et les possessions du Congo Français et Dépendances.

Importations de France dans les Possessions du Congo Français et Dépendances	5.479.173	5.507.624	11.178.289
Importations des Colonies Françaises dans les Possessions du Congo Français et Dépendances	28.451		
Exportations des Possessions du Congo Français et Dépendances pour la France	5.664.932	5.670.665	
Exportations pour les Colonies Françaises	5.733		

2° Commerce entre l'Etranger et les possessions du Congo Français et Dépendances.

Importations en marchandises étrangères	Par navires français.	des entrepôts de France .	43.944	43.944	7.586.016	18.376.177
		de l'étranger directement . .	»			
	Par navires étrangers . . .			7 542.072		
Exportations pour l'étranger	Denrées et marchandises des Possessions du Congo Français et Dépendances . .			10.240.662	10.790.161	
	Denrées et march. provenant de l'import.	Françaises .	1.966	549.499		
		Etrangères .	547.533			

Total du commerce général **29.554.466**

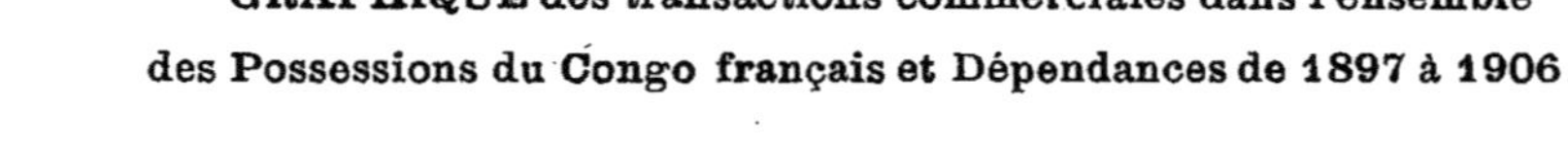

GRAPHIQUE des transactions commerciales dans l'ensemble des Possessions du Congo français et Dépendances de 1897 à 1906.

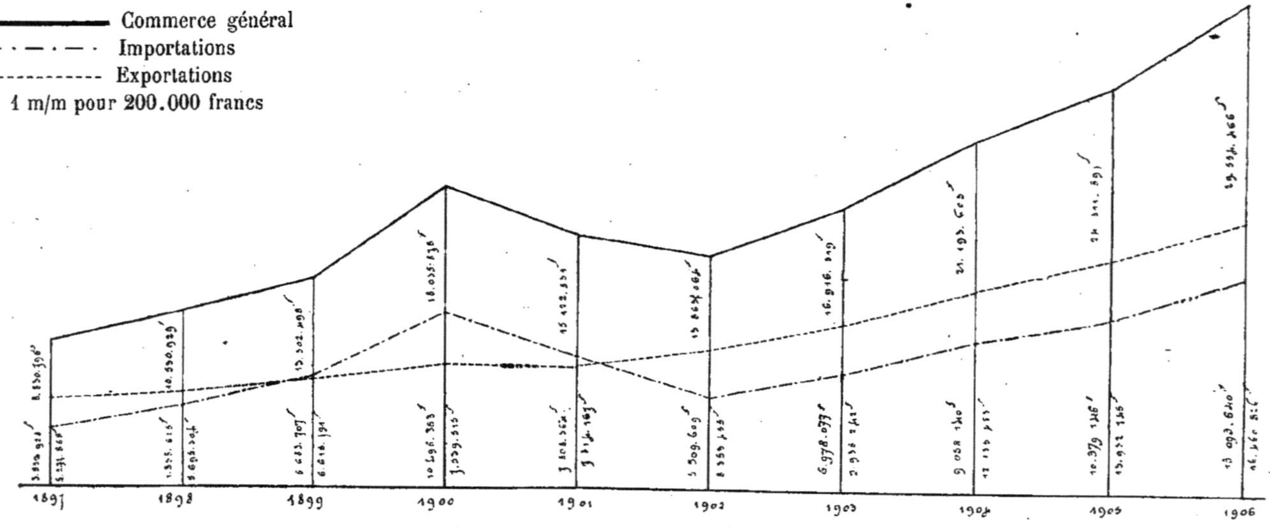

Tableau général du Commerce de 1897 à 1906.

Commerce général.

ANNÉES	IMPORTATIONS DE MARCHANDISES				EXPORTATIONS DE MARCHANDISES ET PRODUITS DU CRU OU IMPORTÉS				TOTAUX GÉNÉRAUX
	françaises venant de France	françaises venant des colonies françaises	étrangères venant de France et de l'étranger	Totaux	pour France	pour les colonies françaises	pour l'étranger	Totaux	
	francs	francs	francs	francs	francs	francs	francs	francs	francs
1897 . .	991.764	20.657	2.540.507	3.552.928	835.487	457	4.441.924	5.277.868	8.830.796
1898 . .	1.274.366	8.134	3.553.125	4.835.625	1 487 887	2.847	4.204.570	5.695.304	10 530.929
1899 . .	2.435.573	19.091	4.229.043	6.683.707	1.608.173	515	5.010.103	6.618.791	13.302.498
1900 . .	4.808.172	15.620	5.672.571	10.496.363	2.608.242	1.586	4.929.687	7.539.515	18.035 878
1901 . .	4.004.401	16.545	3.787.418	7.808.364	2.440.906	770	4.872.491	7.314.167	15.122 531
1902 . .	2.633.430	8.003	2.868.176	5.509.609	2.368.714	15	5.984.726	8.353.455	13.863.064
1903 . .	3.316.779	13.154	3.648.144	6.978.077	3.113.905	»	6.824.337	9.938.242	16.916.319
1904 . .	4.804.944	89.018	4.164.178	9.058.140	3.933.996	66	8.201.401	12.135.463	21.193.603
1905 . .	4.736.306	91.283	5.551.557	10.379.143	4.451.753	45.818	9.435.174	13.932.745	24.341.891
1906 . .	5.479.173	28 451	7.586.016	13.093.640	5.664.932	5.733	10.790.161	16.460.826	29.554.466

GRAPHIQUE des prévisions budgétaires et des recettes acquises dans l'ensemble des **Possessions du Congo français et Dépendances de 1897 à 1906.**

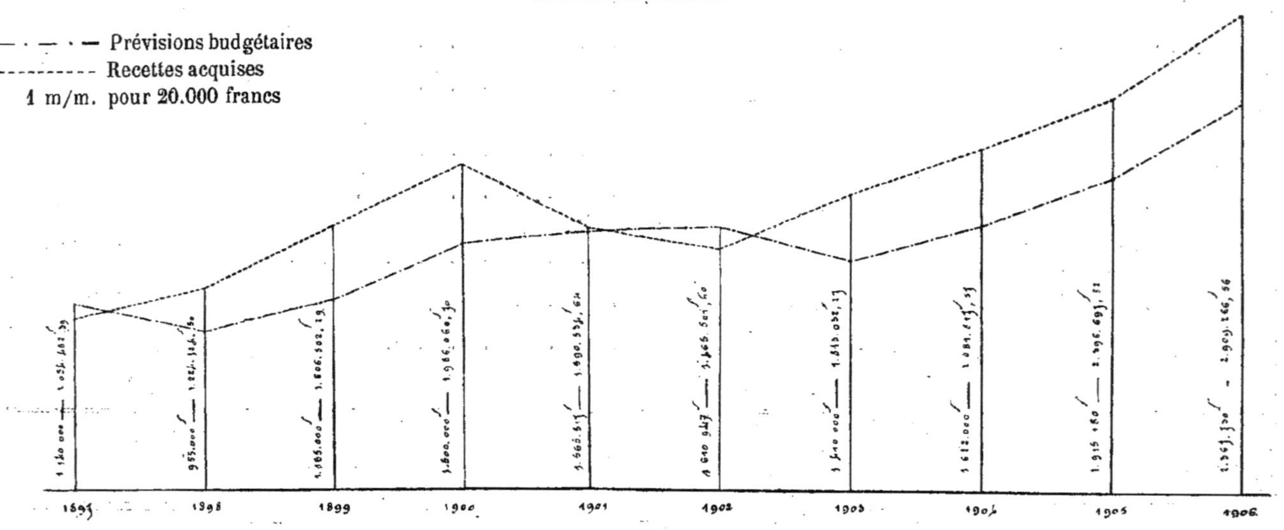

Classification générale des Importations.

Commerce spécial.

	DÉSIGNATION DES ARTICLES	VALEURS DES IMPORTATIONS				
		1902	1903	1904	1905	1906
		francs	francs	francs	francs	francs
Matières animales	Animaux vivants	12.728	11.388	56.637	50.376	114.249
	Produits et dépouilles d'animaux	415.722	430.140	555.635	618.701	776.060
	Pêches	81.398	120.894	116.133	156.686	249.307
	Substances animales brutes propres à la médecine et à la parfumerie	100	1.990	361	809	510
	Matières dures à tailler	71	21	244	294	99
Matières végétales	Farineux alimentaires	250.574	242.230	277.189	368.365	480.469
	Fruits et graines	11.359	8.002	10.601	12.135	19.370
	Denrées coloniales de consommation	229.928	300.339	297.676	345 594	362 615
	Huiles et sucs végétaux	53.033	70.812	52.026	64.274	82.106
	Espèces médicinales	73	234	1.540	1.307	2.414
	Bois	37.305	41.890	37.689	46.515	47.167
	Filaments, fruits et tiges à ouvrer	1.047	490	100	1.239	2.975
	Teintures et tanins	40	»	»	»	»
	Produits et déchets divers	53.569	57.421	60.127	100.508	106.128
	Boissons	715.076	953.240	729.688	882.121	996.846
[illegible] minérales	Marbres, pierres, terres, combustibles, minéraux	54.826	65.761	88.765	147.158	[illegible]
	Métaux	71.695	93.106	152.806	204.636	223.292
Fabrications	Produits chimiques	114.842	147.895	218.332	183.730	251.953
	Teintures préparées	9	50	188	168	30
	Couleurs	16.738	19.662	15.275	24.159	28.073
	Compositions diverses	113.939	172.934	194.155	230.130	320.716
	Poteries	43.820	103.309	99.742	69.920	96.065
	Verres et cristaux	72.268	100.527	185.500	245.672	447.584
	Fils, tissus et confections	1.202.371	1.636.685	2.874.344	3.430.781	4.760.642
	Papier et ses applications	41.944	43.226	80.791	70.936	78.382
	Peaux et pelleteries ouvrées	57.064	80.794	101.707	115.795	147.457
	Ouvrages en métaux	787.531	865.264	1.030.037	1.365.355	1.390.074
	Armes, poudres et munitions	250.095	205.428	439.523	574 133	602.929
	Meubles	31.761	7.809	22.317	14.578	37.415
	Ouvrages en bois	93.767	104.959	55.343	54.363	82 254
	Instruments de musique	4.092	10.388	12.527	13.344	12.693
	Ouvrages de sparterie et de vannerie	31.983	25.917	70.850	45.926	51.320
	Ouvrages en matières diverses	143.204	184.969	323.932	537.657	529.770
Marchandises importées par les services Local, Colonial et Marine		»	»	824.136	431.801	252.447
	TOTAUX	4.993.972	6.497.774	8.982.883	10.379.146	12 683.608

Etat comparatif des recettes effectuées par le service des douanes dans les possessions du Congo français et dépendances de 1897 à 1906.

BUREAUX	PERCEPTIONS DES ANNÉES									
	1897	1898	1899	1900	1901	1902	1903	1904	1905	1906
	fr. c.	fr. c.	fr. c.	fr. c.	fr. c.	fr. c.	fr. c.	fr. c.	fr. c.	fr. c.
Libreville .	170.990 23	200.495 48	238.470 11	295.939 43	284.978 29	283.220 36	332.198 33	233.272 05	249.807 57	338.317 6
Cap-Lopez.	300.277 61	386.396 76	632.494 13	764.716 71	525.808 52	386.216 99	520.631 41	503.620 46	475.371 75	521.725 7
Setté-Cama	147.280 03	205.250 13	259.284 92	212.909 20	165.050 18	81.716 88	92.139 76	119.713 10	123.238 59	107.211 3
Loango. .	295.896 62	237.855 »	244.494 09	234.617 16	233.810 59	192.146 87	177.315 14	227.388 66	251.567 65	390.164 21
Brazzaville.	140.017 90	194.127 13	231.759 04	477.878 20	380.887 06	522.200 50	690.747 63	997.823 30	1.296.712 26	1 551.847 7
Totaux.	1.054.462 39	1.224.124 50	1.606.502 29	1.986.060 70	1.590.534 64	1.465.501 60	1.813.032 27	2.081.817 57	2.396.697 82	2.909.266 5

Principaux articles d'échange importés de 1902 à 1906.

Commerce spécial.

DÉSIGNATION DES ARTICLES	UNITÉS	ANNÉES				
		1902	1903	1904	1905	1906
Spiritueux *à 50 degrés centigr.*	Litre	320.000	350.000	466.700	492.600	728.890
Fils, tissus et confections . . .	Valeur	1.202.371	1.636.685	2.871.311	3.430.781	4.760.642
Fusils à silex.	Nombre	11.961	14.094	23.840	29.966	38.496
Poudre de traite.	Kilog.	101.934	116.185	191.906	255.231	198.718

Origine des différentes marchandises importées de 1902 à 1906.

Commerce spécial.

	DÉSIGNATION DES ARTICLES	DE FRANCE ET ES COLONIES FRANÇAISES					DES PAYS ÉTRANGERS				
		1902	1903	1904	1905	1906	1902	1903	1904	1905	1906
		francs	francs	francs	francs	francs	francs	francs	francs	francs	francs
Matières animales	Animaux vivants	8 020	9.316	31.163	9.395	17.262	4.708	2.072	25.474	40.981	96.987
	Produits et dépouilles d'animaux	262.092	259.440	423.031	306.895	420.062	153.630	170.700	132.604	341.806	355.998
	Pêches	25.139	47.600	69.916	65.821	77.585	56.259	73.294	46.217	90.865	171.722
	Substances animales brutes propres à la médecine et à la parfumerie	100	1.906	305	40	360	»	84	56	769	150
	Matières dures à tailler	61	21	35	244	99	10	»	209	50	»
Matières végétales	Farineux alimentaires	136.854	122.942	186.447	173.921	212.558	113.720	119 288	90.742	194.444	267.914
	Fruits et graines	4.747	5.196	9.777	8.184	13.792	6 612	2.806	824	3.951	5.578
	Denrées coloniales de consommation	73.449	103.526	116.818	146.186	163.441	156.479	196.813	180.858	199.408	199.204
	Huiles et sucs végétaux	45.724	48.894	38.048	47.495	58.890	7.309	21.918	13.978	16.779	23.216
	Espèces médicinales	73	30	24	1.301	2.414	»	204	1.516	6	»
	Bois	12.924	8.450	18.857	14.411	12.073	24.381	33.440	18.832	32.104	35.094
	Filaments, tiges et fruits à ouvrer	660	148	86	972	2.049	387	342	14	267	926
	Teintures et tanins	40	»	»	»	»	»	»	»	»	»
	Produits et déchets divers	40.204	43.405	51.926	54.448	60.994	13.365	14.016	8.201	46.060	45.134
	Boissons	589.745	776.306	621.369	699.782	720.550	125.331	176.934	108.319	182.339	276.296
Matières minérales	Marbres, pierres, terres, combustibles, minéraux	23.231	21.827	41.522	27.546	24.414	31.595	43.934	47.243	89.592	105.756
	Métaux	43.323	51.642	105.665	66.006	69.130	28.272	41.464	47.141	138.630	154.162
Fabrications	Produits chimiques	54.799	75.502	159.185	62.334	129.027	60.043	72 393	59.147	121.396	122.926
	Teintures préparées	»	»	138	»	30	9	50	50	168	»
	Couleurs	12.985	12.119	12.994	11.520	14.217	3.753	7.543	2.281	12.639	13.856
	Compositions diverses	84.818	106.635	152.783	135.276	202.399	29.121	66.299	41.372	94.854	118 317
	Poteries	14.938	41.936	46.382	30.365	48.111	28.882	61.373	53.360	39.555	47.954
	Verres et cristaux	35.716	47.007	136.862	81.702	150.932	36.552	53.520	48 638	163.970	296.652
	Fils, tissus et confections	326.395	504.870	1.230.588	929.639	1.293.998	875.976	1.131 815	1.640.723	2.501.142	3.466.644
	Papier et ses applications	33.302	32.969	69.494	47.228	52.216	8.642	10.257	11.297	23.708	26.166
	Peaux et pelleteries ouvrées	39.170	50.615	79.477	70.160	72.034	17.894	30.179	22.530	45.635	75.423
	Ouvrages en métaux	598.084	630.074	773.236	921.572	865.695	189.447	235.190	256.801	443.783	524.379
	Armes, poudres et munitions	99.063	142.426	151.938	210.320	171.924	151.032	153.002	287.585	363.813	431.005
	Meubles	29.019	2.912	15.604	7.878	26.028	2.742	4 897	6.713	6.700	11.387
	Ouvrages en bois	41.418	43.706	39.855	37.973	54.604	52.349	61 253	15.488	16.390	27.650
	Instruments de musique	1.220	7.710	5.167	5.428	5.241	2.872	2.678	7.360	7.916	7.452
	Ouvrages de sparterie et de vannerie	27.898	23.079	66.643	37.013	34.456	4.085	2.838	4.207	8.913	16.864
	Ouvrages en matières diverses	77.739	107.724	238.927	184.733	278.595	65.465	77 245	85.005	352.924	251.175
Marchandises importées par les services Local, Colonial et Marine		»	»	824 136	431.801	252.447	»	»	»	»	»
	Totaux	2.742.950	3.329.933	5.718.098	4.827.589	5.507.624	2.251.022	2.867.841	3.264.785	5.551.557	7.475.984

Classification générale des Exportations. — *Produits du crû et marchandises provenant de l'importation.*
Commerce spécial.

DÉSIGNATION DES ARTICLES		VALEURS DES EXPORTATIONS 1902	1903	1904	1905	1906
		francs	francs	francs	francs	francs
Matières animales	Animaux vivants	845	11.720	680	6,345	3.474
	Produits et dépouilles d'animaux	137	1.451	8	313	168
	Pêches	»	»	»	48	451
	Substances animales brutes propres à la médecine et à la parfumerie	»	»	»	»	»
	Matières dures à tailler	3.295,678	3.741.927	3.703.262	4.010.076	3.493.641
Matières végétales	Farineux alimentaires	822	845	80	1.617	93
	Fruits et graines	157.731	142.560	178.019	157.867	108.272
	Denrées coloniales de consommation	93.171	110.609	130.636	97.179	166.746
	Huiles et sucs végétaux	2.860.220	3.432.292	5 493.153	7.435.485	8.155.184
	Espèces médicinales	999	2.542	9.891	8.775	2.303
	Bois	1.118.602	1.589.344	1.676.569	2.193.124	3.934.948
	Filaments, tiges et fruits à ouvrer	144.532	61.345	36,678	5.971	31.190
	Teintures et tanins	8.506	5.038	»	730	»
	Produits et déchets divers	»	»	»	117	744
	Boissons	5.248	4.731	6.208	5.628	2.345
Matières minérales	Marbres, pierres, terres, combustibles, minéraux	»	468	»	446	414
	Métaux	6.320	32	»	3.181	7.889
Fabrications	Produits chimiques	»	»	»	5	»
	Teintures préparées	»	»	»	»	»
	Couleurs	»	»	»	10	390
	Compositions diverses	15	60	»	15	»
	Poteries	»	»	»	30	»
	Verres et cristaux	1.110	»	»	600	34
	Fils, tissus et confections	5.919	44.087	»	3.056	3.500
	Papier et ses applications	»	»	»	185	»
	Peaux et pelleteries ouvrées	1.400	»	»	50	50
	Ouvrages en métaux	29.089	2.768	»	573	6.756
	Armes, poudres et munitions	738	2.021	»	»	9.758
	Meubles	72	»	»	»	»
	Ouvrages en bois	700	344	94	20	30
	Instruments de musique	100	200	»	»	»
	Ouvrages de sparterie et de vannerie	379	95	443	238	205
	Ouvrages en matières diverses	3.795	3.490	349	1.061	1.100
Totaux		7.735.428	9.157.939	11.236.070	13.932.745	15.929.685

Destination des marchandises provenant de l'importation réexporté et des produits du cru exportés de 1902 à 1906.

Commer spécial.

	DÉSIGNATION DES ARTICLES	FRANCE ET COLONIES FRANÇAISES					PAYS ÉTRANGERS				
		1902	1903	1904	1905	1906	1902	1903	1904	1905	1906
		francs	francs	francs	francs	francs	francs	francs	francs	francs	francs
Matières animales	Animaux vivants	130	40	500	2.405	240	715	11.680	180	3.940	3.234
	Produits et dépouilles d'animaux	100	»	»	57	»	37	1.451	8	256	168
	Pêches	»	»	»	»	»	»	»	»	48	451
	Substances animales brutes propres à la médecine et à la parfumerie	»	»	»	»	»	»	»	»	»	»
	Matières dures à tailler	433.059	579.505	933.161	617.799	779.150	2.862.619	3.162.422	2.770.101	3.392.277	2.714.491
Matières végétales	Farineux alimentaires	»	»	»	32	»	822	845	80	1.585	93
	Fruits et graines	39.997	79.708	114.367	76.659	41.150	117.734	62.852	63.652	81.208	67.122
	Denrées coloniales de consommation	82.427	102.520	128.949	93.762	165.132	10.744	8.089	1.687	3.417	1.614
	Huiles et sucs végétaux	1.113.659	1.351.782	1.541.662	2.501.146	2.702.846	1.746.561	2.080.510	3.951.491	4.934.339	5.452.338
	Espèces médicinales	»	2.512	9.891	8.015	1.463	299	»	»	760	840
	Bois	660 949	981.094	1.198.870	1.192.687	1 957.513	457.653	608.230	477.699	1.000.437	1.977.435
	Filaments, tiges et fruits à ouvrer	3.272	9.048	6.529	3.865	8.324	141.260	52 297	30.149	2.106	22.866
	Teintures et tanins	5.651	5.038	»	730	»	2.855	»	»	»	»
	Produits et déchets divers	»	»	»	82	»	»	»	»	35	744
	Boissons	144	55	»	»	»	5.104	4.676	6.208	5.628	2.345
Matières minérales	Marbres, pierres, terres, combustibles, minéraux	»	»	»	»	»	»	468	»	446	444
	Métaux	5.985	»	»	»	»	335	32	»	3.181	7.889
Fabrications	Produits chimiques	»	»	»	»	»	»	»	»	5	»
	Teintures préparées	»	»	»	»	»	»	»	»	»	»
	Couleurs	»	»	»	»	»	»	»	»	10	390
	Compositions diverses	12	»	»	»	»	3	60	»	15	»
	Poteries	»	»	»	»	»	»	»	»	30	»
	Verres et cristaux	»	»	»	»	»	1.140	»	»	600	34
	Fils, tissus et confections	»	»	»	»	»	5.949	44.087	»	3.056	3.500
	Papier et ses applications	»	»	»	»	»	»	»	»	185	»
	Peaux et pelleteries ouvrées	»	»	»	»	»	1.400	»	»	50	50
	Ouvrages en métaux	19.880	»	»	»	»	9.209	2.768	»	573	6.756
	Armes, poudres et munitions	»	»	»	»	»	738	2.021	»	»	9.758
	Meubles	»	»	»	»	»	72	»	»	»	»
	Ouvrages en bois	»	15	»	»	»	700	329	94	20	30
	Instruments de musique	100	»	»	»	»	»	200	»	»	»
	Ouvrages de sparterie et de vannerie	4	»	9	»	»	375	95	434	238	205
	Ouvrages en matières diverses	3.360	2.588	124	332	803	435	902	225	729	297
	TOTAUX	2.368.729	3.113.905	3.934.062	4.497.571	5.656.621	5.366.699	6.044.034	7.302.008	9.435.174	10.273.064

Principaux produits du cru exportés de 1897 à 1906.

Commerce spécial.

DÉSIGNATION DES PRODUITS	QUANTITÉS EXPORTÉES (*tonnes*).									
	1897	1898	1899	1900	1901	1902	1903	1904	1905	1906
Ivoire	105	102	100	152	124	170	190	187	196	175
Noix palmistes	806	915	821	688	611	728	621	691	667	442
Café en fèves	30	57	49	43	42	30	38	17	34	28
Cacao en fèves	8	16	23	14	47	58	50	91	51	90
Huile de palme	140	145	144	112	116	170	98	152	159	91
Copal	»	1	2	10	19	34	29	36	24	11
Caoutchouc	518	578	670	655	655	689	843	1.249	1.613	1.880
Bois	5.523	2.886	5.753	5 577	5.573	8.723	13.799	14.371	17.236	34.187
Piassava	23	26	210	118	49	289	137	81	21	134
Ecorces de palétuvier	»	»	»	1	12	83	25	»	7	»

Tableau, par pays de destination, des principaux produits du cru exportés de 1902 à [illegible]

Commerce spécial.

PAYS DE DESTINATION	IVOIRE *Quantités exprimées en kilogrammes*					CAOUTCHOUC *Quantités exprimées en kilogrammes*				
	1902	1903	1904	1905	1906	1902	1903	1904	1905	1906
	kg.	kg.	kg.	kg.	kg.	kg.	kg.	kg.	kg.	kg.
France et colonies françaises	25.220	29.333	47.470	31.137	39.036	272.545	328.437	283.147	480.810	539.692
Angleterre	8.844	13.006	7.569	6.660	3.844	162.934	95.952	72.994	82.696	92.610
Allemagne	635	19	»	»	»	32.848	1.115	1.890	1.471	1.584
Belgique	135.324	147.425	131.798	158.542	132.277	220.439	417.040	888.936	1.048.159	1.238.501
Autres pays	»	»	»	»	»	»	»	2.126	»	7.034
	CACAO *Quantités exprimées en kilogrammes*					BOIS DIVERS *Quantités exprimées en tonnes*				
	kg.	kg.	kg.	kg.	kg.	tonnes	tonnes	tonnes	tonnes	tonnes
France et colonies françaises	53.763	49 257	90.074	50.123	89 084	4.485	7.874	9.777	9.504	16.448
Angleterre	5.555	597	268	185	503	2.859	4 063	3.112	5.750	7.420
Allemagne	80	»	750	250	»	1.379	1.759	1.482	1.682	7.272
Belgique	»	»	»	»	»	»	103	»	»	»
Autres pays	»	»	»	»	»	»	»	»	300	3.047

COLONIE DU MOYEN-CONGO

TABLEAU GÉNERAL DE LA VALEUR DES IMPORTATIONS ET EXPORTATIONS DE L'ANNÉE 1906.

1° Commerce entre la France et le Moyen-Congo.

Importations de France dans la Colonie	1.769.891	1.773.964	2.385.066
Importations des Colonies françaises dans le Moyen-Congo	4.073		
Exportations de la Colonie en France .	611.102	611.102	
Exportations de la Colonie pour les Colonies françaises	»		

2° Commerce de la Colonie et l'Étranger.

Importations en marchandises étrangères :

Par navires français	des entropôts de France.	»	»	3.136.277	7.367.873
	de l'Etranger directement	»			
Par navires étrangers			3.136.277		

Exportations pour l'étranger :

Denrées et marchandises de la Colonie			4.216.583	4 231.596
Denrées et marchandises provenant de l'importation	Françaises	1.686	15.013	
	Étrangères	13.327		

TOTAL.			9.752.939
Marchandises non dénommées importées par les Services local et colonial			202.519
TOTAL GÉNÉRAL (Commerce spécial) . .			9.955.458
Transit international.	Importations	246.227	629.438
	Exportations	383.211	
TOTAL GÉNÉRAL (Commerce général) . .			10.584.896
Importation du numéraire.	or. . . .	»	1.100.000
	argent .	1.080.000	
	billon .	20.000	

Les colonies du Moyen-Congo et de l'Oubangui-Chari-Tchad, jouissant de leur autonomie administrative depuis le 1er janvier dernier, il est matériellement impossible de comparer, au point de vue commercial, les résultats obtenus en 1906, par chacune de ces Colonies, avec ceux acquis en 1905.

En 1905, en effet, les opérations des deux Colonies précitées ont fait l'objet d'une seule statistique d'ensemble, alors que pour 1906 une balance générale de Commerce a été dressée pour chacune de ces Colonies.

De plus, en 1905, les régions de Loango et de Setté-Cama appartenaient à la colonie du Moyen-Congo et leur mouvement commercial était compris dans les statistiques de cette Colonie. En 1906, et par suite du décret de réorganisation, ces deux régions sont passées à la colonie du Gabon.

Pour permettre la comparaison des opérations de 1906 avec celles correspondantes de 1905, il eût fallu reprendre toutes les statistiques concernant cette dernière période et les établir à nouveau séparément pour chacune des colonies du Groupe réorganisées conformément aux prescriptions du Décret du 11 février 1906. Ce travail considérable n'a pu être fait faute d'employés, l'effectif du personnel, extrêmement réduit, permettant à peine d'assurer le service courant.

S'il n'est pas possible de se rendre compte, en détail, des résultats obtenus par la colonie du Moyen-Congo prise isolément et dans les nouvelles limites territoriales fixées par le décret de réorganisation du 11 février 1906, notamment de savoir si l'augmentation progressive des transactions constatée d'une façon générale est en faveur de la France ou de l'Etranger, la plus-value de 137.712 fr. 89 relevée au tableau des recettes de l'année établit d'une manière péremptoire la situation florissante de la Colonie.

La balance de commerce du Moyen-Congo pour l'année 1905, qui accusait un chiffre global de 15.745.188 francs, comportait les opérations concernant l'Oubangui-Chari-Tchad et celles effectuées par les bureaux de Loango et Setté-Cama.

En 1906, les résultats acquis par les mêmes Colonies séparées donnent, additionnés, un total de 15.652.706 francs, c'est-à-dire sensiblement le même chiffre qu'en 1905, mais avec cette différence cependant que les transactions commerciales des régions de Loango et de Setté-Cama, passées au Gabon depuis le 1er janvier 1906, ne figurent plus dans les statistiques du Moyen-Congo.

C'est donc, en somme et par comparaison, une augmentation pour l'année 1906, en faveur des colonies du Moyen-Congo et de l'Oubangui-Chari-Tchad réunies, du chiffre global du commerce des régions de Loango et Setté-Cama en 1905, c'est-à-dire de plus de deux millions de francs.

Ce résultat est considérable si l'on considère qu'il est dû aux seuls efforts des Sociétés concessionnaires et autres Compagnies d'exploitation qui existaient en 1906, aucune entreprise de commerce ou d'industrie importante n'ayant été créée pendant l'année.

Le bilan serait meilleur encore si les difficultés de transport des marchandises d'échange et des produits du sol n'augmentaient de jour en jour. Il est évident que le caoutchouc, récolté par les indigènes tout d'abord à proximité des factoreries établies, est recueilli maintenant à de grandes distances des points de concentration pour l'exportation.

Les agents des factoreries se transportent bien dans l'intérieur pour la traite avec les indigènes, mais il leur est extrêmement difficile de trouver parmi ces populations les porteurs et pagayeurs qui leur sont nécessaires pour le transport des produits exportés.

Les Sociétés concessionnaires et la Colonie ont donc un très gros intérêt à créer d'urgence des voies de communication par terre et par eau. Ce travail s'impose et il y a lieu de s'y livrer sans retard sous peine de retarder le développement économique qui a déjà donné de si beaux résultats.

Tableau du Commerce.

ANNÉES	IMPORTATIONS		EXPORTATIONS		TOTAUX	
	COMMERCE général	COMMERCE spécial	COMMERCE général	COMMERCE spécial	COMMERCE général	COMMERCE spécial
	francs	francs	francs	francs	francs	francs
1906	5.358.987	5.112 760	5.225.909	4.842.698	10.584.896	9.955 458

Décomposition des Importations et Exportations.

Importations.

ANNÉES	IMPORTATIONS						TOTAUX	
	DE FRANCE		DES COLONIES FRANÇAISES		DE L'ÉTRANGER			
	commerce général	commerce spécial	commerce général	commerce spécial	commerce général	commerce spécial	commerce général	commerce spécial
	francs	francs	francs	francs	francs	francs	francs	francs
1906	1.972.410	1.972.410	4.073	4.073	3.382.504	3.136.277	5.358.987	5.112.760

Exportations.

ANNÉES	EXPORTATIONS						TOTAUX	
	POUR FRANCE		POUR LES COLONIES FRANÇAISES		POUR L'ÉTRANGER			
	commerce général	commerce spécial	commerce général	commerce spécial	commerce général	commerce spécial	commerce général	commerce spécial
	francs	francs	francs	francs	francs	francs	francs	francs
1906	611.102	611.102	»	»	4 614 807	4.231.596	5.225.909	4.842.698

Le tableau ci-dessous donne le détail des importations de l'étranger qui s'élèvent à **3.136.277** francs.

PAYS D'ORIGINE	VALEUR DES IMPORTATIONS
	francs
Angleterre	1.169.980
Allemagne	210.386
Belgique	930.518
Hollande	320.845
Autres Pays	504.548

Le tableau ci-après donne, par pays de destination, le chiffre des exportations.

PAYS DE DESTINATION	VALEUR DES EXPORTATIONS
	francs
Angleterre	63.412
Allemagne	»
Belgique	4.148.601
Hollande	»
Autres pays	19.583

Classification générale des Importations et Exportations.

Le tableau récapitulatif qui suit fait connaître le détail des marchandises importées et exportées pendant l'année.

Les différentes marchandises ont été groupées en suivant l'ordre de la nomenclature officielle des Douanes et ce tableau permet de se rendre compte, pour chaque chapitre, de l'importance des entrées et des sorties.

DÉSIGNATION DES ARTICLES		VALEUR DES IMPORTATIONS — commerce spécial	VALEUR DES EXPORTATIONS — commerce spécial
		francs	francs
Matières animales	Animaux vivants.	97.337	»
	Produits et dépouilles d'animaux . . .	328.240	45
	Pêches	94.718	175
	Substances animales brutes propres à la médecine et à la parfumerie. . . .	392	»
	Matières dures à tailler.	»	1.390.938
Matières végétales	Farineux alimentaires	202.542	39
	Fruits et graines.	11.659	20
	Denrées coloniales de consommation . .	118.948	372
	Huiles et sucs végétaux.	21.899	3.436.435
	Espèces médicinales.	2.312	»
	Bois	13.482	62
	Filaments, tiges et fruits à ouvrer. . .	2.017	»
	Teintures et tanins	»	»
	Produits et déchets divers	60.481	»
	Boissons	351.420	1.296
Matières minérales	Marbres, pierres, terres, combustibles, minéraux	36.897	414
	Métaux	80.601	130
Fabrications	Produits chimiques.	70.954	»
	Teintures préparées.	6	»
	Couleurs	10.726	390
	Compositions diverses	84.666	»
	Poteries	9.455	»
	Verres et cristaux	93.985	»
	Fils, tissus et confections	2.197.625	1.751
	Papier et ses applications	29.565	»
	Peaux et pelleteries ouvrées	64.772	50
	Ouvrages en métaux.	454.987	1.088
	Armes, poudres, munitions.	186.906	9.458
	Meubles	12.302	»
	Ouvrages en bois	31.122	30
	Instruments de musique	7.616	»
	Ouvrages de sparterie et de vannerie . .	10.698	»
	Ouvrages en matières diverses. . . .	221.911	5
Marchandises non dénommées importées par les Services local et colonial		202.519	»
Totaux		5.112.760	4.842.698
Mouvement du numéraire . .	or » ; argent 1.080.000 ; billon 20.000	1.100.000	»

Origine des principales marchandises importées.

Le tableau des recettes faisant ressortir une plus-value de 22.261 fr. 26 aux importations, il serait intéressant de savoir si cette augmentation porte sur les importations de France ou sur celles de l'étranger, les résultats obtenus en 1905 ayant été en faveur de la production étrangère. Pour les raisons développées au commencement du présent rapport, il est matériellement impossible de s'en rendre compte.

DÉSIGNATION DES MARCHANDISES	ORIGINE DES MARCHANDISES		
	FRANCE	ÉTRANGER	TOTAUX
	francs	francs	francs
Animaux vivants	470	96.867	97.337
Pêches, produits et dépouilles d'animaux	176.411	246.547	422.958
Farineux alimentaires	46.172	156.370	202.542
Denrées coloniales de consommation	58.439	60.509	118.948
Produits et déchets divers	23.501	36.982	60.481
Boissons	266.157	85.268	351.420
Marbres, pierres, terres, combustibles, minéraux	9.602	27.295	36.897
Métaux	18.386	62.215	80.601
Produits chimiques	40.717	30.237	70.954
Compositions diverses	32.613	52.053	84.666
Verres et cristaux	39.011	54.974	93.985
Tissus, fils et confections	610.924	1.586.701	2.197.625
Peaux et pelleteries ouvrées	23.990	40.782	64.772
Ouvrages en métaux	191.292	263.695	454.987
Armes, poudres et munitions	79.421	107.485	186.906
Ouvrages en matières diverses	79.841	142 070	221.911

Principaux articles d'échange importés.

Pour la colonie du Moyen-Congo prise isolément, il est impossible de comparer les importations de spiritueux effectuées en 1905 avec celles opérées en 1906, mais en prenant pour chacune de ces deux années le chiffre global des importations dans le Moyen-Congo et l'Oubangui-Chari-Tchad réunis, on constate une diminution de 803 hectolitres pour 1906.

Le registre spécial où sont consignées les importations d'armes et de munitions permet de relever pour 1906 une augmentation de 6022 fusils à silex et une diminution de 22.650 kilos de poudre de traite.

DÉSIGNATION DES MARCHANDISES	UNITÉS	QUANTITÉS IMPORTÉES
Spiritueux *à 50 centigrades.* . . .	litre	74.009
Tissus	valeur	2.180.475
Fusils à silex	nombre	14.492
Poudre de traite	kilogrammes	42.961

Détail des Exportations.

L'état mensuel des denrées du crû exportées de la Colonie nous permet de comparer les exportations de **1906** avec celles de **1905**.

Il ressort de cette comparaison une diminution de **2.206** kilos dans les exportations d'ivoire et une augmentation de **37.609** kilos dans les sorties de caoutchouc.

DÉSIGNATION DES PRODUITS		QUANTITÉS EXPORTÉES tonnes	QUANTITÉS EXPORTÉES valeurs
Animaux vivants		»	»
Dents d'éléphants		70	1.389.952
Noix de palme		»	»
Fruits et graines oléagineux autres		»	»
Café en fèves		»	»
Cacao en fèves		»	»
Huile de palme		10	4.270
Copal		»	»
Caoutchouc		858	3.431.948
Bois	Okoumé	»	»
	Rouge	»	»
	Jaune	»	»
	Acajou	»	»
	Autres	»	»
Fruits et graines médicinaux		»	»

Tableau des exportations par pays de destination.

Les exportations pour France, quoique plus élevées que celles constatées en 1905, sont encore extrêmement faibles.

Il est bien regrettable que nos produits n'aient pas trouvé suffisamment de débouchés en France, mais l'importance que prend actuellement le marché de Bordeaux permet d'entrevoir pour l'année 1907 une heureuse augmentation dans les transactions de la Colonie avec la Métropole.

DÉSIGNATION DES PRODUITS	PAYS DE DESTINATION								TOTAUX	
	FRANCE		ANGLETERRE		BELGIQUE		AUTRES PAYS			
	tonnes	valeurs	tonnes	valeurs	tonnes	valeurs	tonnes	valeurs	tonnes	valeurs
Animaux vivants	»	»	»	»	»	»	»	»	»	»
Dents d'éléphants	7	128.584	»	»	63	1.261.368	»	»	70	1.389.952
Noix de palme	»	»	»	»	»	»	»	»	»	»
Fruits et graines oléagineux	»	»	»	»	»	»	»	»	»	»
Autres	»	»	»	»	»	»	»	»	»	»
Café en fèves	»	»	»	»	»	»	»	»	»	»
Cacao en fèves	»	»	»	»	»	»	»	»	»	»
Huile de palme	»	»	»	»	»	»	»	»	»	»
Copal	»	»	»	»	»	»	»	»	»	»
Caoutchouc	120	481.520	16	63.412	722	2.887.016	»	»	858	3.431.948
Bois — Okoumé	»	»	»	»	»	»	»	»	»	»
Bois — Rouge	»	»	»	»	»	»	»	»	»	»
Bois — Jaune	»	»	»	»	»	»	»	»	»	»
Bois — Acajou	»	»	»	»	»	»	»	»	»	»
Bois — Autres	»	»	»	»	»	»	»	»	»	»
Fruits et graines médicinaux	»	»	»	»	»	«	»	»	»	»

Exportations d'Ivoire et de Caoutchouc par les bureaux et Postes.

Tous les produits exportés sont sortis par le bureau de Brazzaville. Aucune exportation par les postes frontières.

BUREAUX ou postes	IVOIRE (tonnes)	CAOUTCHOUC (tonnes)
Tiboundi (*poste*) . . .	»	»
Brazzaville (*bureau*) . .	70	858
Banza-Baca (*poste*) . .	»	»

Recettes.

Le tableau ci-dessous permet de comparer, par nature de droits, les recettes effectuées en 1905 et 1906.

Le total donne pour 1906 une plus-value de 137.712 fr. 89.

Dans le présent tableau ne sont pas comprises les recettes des bureaux de Loango, de Setté-Cama du 1er janvier au 30 juin 1905-1906.

NATURE DES DROITS	PERCEPTIONS	
	1906	1905
	francs	francs
Droits d'importation	532.038 59	407.115 76
Droits d'exportation.	482.464 61	472.255 75
Produits divers	6.123 92	6.293 42
Droit de statistique	20.550 90	17.800 20
TOTAUX.	1.041.178 02	903.465 13
Différence en plus pour 1907. .	137.712 89	

Le régime douanier en vigueur dans la colonie du Moyen-Congo est celui établi par le Protocole de Lisbonne le 9 avril 1892 et prorogé dans la suite.

A l'importation, toutes les marchandises, quelle que soit leur origine, paient un droit de 10 0/0 *ad valorem*, sauf les spiritueux, eaux-de-vie et liqueurs qui sont taxés à 90 francs par hectolitre d'alcool à 50 degrés centigrades, c'est-à-dire à 180 francs par hectolitre d'alcool pur.

A l'exportation, un droit de 10 0/0 *ad valorem* est perçu sur le caoutchouc et l'ivoire.

Les autres produits du crû, sauf les bois, sont taxés à 5 0/0.

Le tableau ci-dessous donne les variations des recettes des bureaux et postes pendant les années 1905 et 1906.

Toutes les recettes de la colonie du Moyen-Congo sont effectuées par le bureau principal de Brazzaville où sont prises en comptabilité les perceptions des postes subordonnés.

Dans le présent tableau ne sont pas comprises les recettes des bureaux de Loango et de Setté-Cama du 1er janvier au 30 juin 1905-1906.

BUREAUX	PERCEPTIONS	
	1906	1905
	francs	francs
Brazzaville	1.041.178 02	903.465 13
Totaux. . .	1.041.178 02	903.465 13
Différence en plus pour 1907 . .	137.712 89	

Entrepôts.

Il n'existe aucun entrepôt dans la colonie du Moyen-Congo.

Mouvement de la navigation.

Les bureaux de Loango et de Setté-Cama étant passés à la colonie du Gabon depuis le 1er janvier 1906 conformément aux prescriptions du Décret du 11 février 1906, la colonie du Moyen-Congo n'a plus de régime de navigation.

Toutes les marchandises d'importation qui lui sont destinées parviennent en transit par l'Etat indépendant du Congo.

Transit international.

Le transit international figure au Commerce général de la Colonie pour 629.438 francs, en diminution de 42.292 francs sur 1905.

Les seules opérations de l'espèce se font entre Brazzaville et Tiboundi (N'Goko-Sangha), bureaux d'entrée et de sortie des marchandises et produits à destination ou en provenance de la Colonie allemande du Cameroun.

COLONIE DE L'OUBANGUI-CHARI-TCHAD

Tableau général de la valeur des Importations et Exportations de l'année 1906

1° Commerce entre la France et l'Oubangui-Chari-Thad :

			francs
Importations de France dans la Colonie	473.030	473.030	479.440
Importations des Colonies françaises dans l'Oubangui-Chari-Tchad. . .	»		
Exportations de la Colonie en France .	6.410	6.410	
Exportations de la Colonie pour les Colonies françaises.	»		

2° Commerce de la Colonie et l'Etranger :

Importations en marchandises étrangères :

Par navires français	des entrepôts de France.	»	»	1.096.579	4.538.442
	de l'Etranger directement	»			
Par navires étrangers			1.096.579		

Exportations pour l'étranger :

Denrées et marchandises de la Colonie			3.441.863	3.441.863
Denrées et marchandises provenant de l'importation	Françaises	»	»	
	Etrangères	»		

Total	5.017.882
Marchandises importées par les Services local et colonial . . .	49.928
Total général (commerce spécial). .	5.067.810

Transit international	Importations	»	»
	Exportations	»	

Total général (commerce général). .	5.067.810

Importation du numéraire	Or . . .	»	363.000
	Argent (en thalers) .	363.000	
	Billon . .	»	

Les colonies du Moyen-Congo et de l'Oubangui-Chari-Tchad, jouissant de leur autonomie administrative depuis le 1er janvier dernier, il est matériellement impossible de comparer, au point de vue commercial, les résultats obtenus en 1906, par chacune de ces Colonies avec ceux acquis en 1905.

En 1905, en effet, les opérations commerciales des deux Colonies précitées ont fait l'objet d'une seule statistique d'ensemble alors que pour 1906 une balance générale de commerce a été dressée pour chacune d'elles.

De plus, en 1905, les régions de Loango et de Setté-Cama appartenaient à la colonie du Moyen-Congo et leur mouvement commercial était compris dans les statistiques de cette Colonie. En 1906 et par suite du décret de réorganisation, ces deux régions sont passées à la colonie du Gabon.

Pour permettre la comparaison des opérations de 1906 avec celles correspondantes de 1905, il eût fallu reprendre toutes les statistiques concernant cette période et les établir à nouveau séparément pour chacune des colonies du Groupe réorganisées conformément aux prescriptions du décret du 11 février 1906. Ce travail considérable n'a pu être fait faute d'employés, l'effectif du personnel, extrêmement réduit, permettant à peine d'assurer le service courant.

Tableau du Commerce.

ANNÉES	IMPORTATIONS		EXPORTATIONS		TOTAUX	
	commerce général	commerce spécial	commerce général	commerce spécial	commerce général	commerce spécial
	francs	francs	francs	francs	francs	francs
1906. .	1.569.609	1.569.609	3.448.273	3.448.273	5.017.882	5.017.882

Bien qu'il ne soit pas possible de se rendre compte, en détail, des résultats obtenus, la plus-value relevée au tableau des recettes 117.422 fr. 58 plus forte de 24.163 fr. 04 que celle obtenue en 1905, établissant suffisamment que l'augmentation progressive des transactions s'accentue de plus en plus dans des proportions vraiment inespérées, il est permis d'escompter que l'exploitation rationnelle des terrains concédés et non encore occupés donnera dans l'avenir des excédents de recettes au moins égaux à ceux obtenus jusqu'à ce jour.

Décomposition des Importations et Exportations.

Importations.

ANNÉES	IMPORTATIONS						TOTAUX	
	DE FRANCE		DES COLONIES FRANÇAISES		DE L'ÉTRANGER			
	commerce général	commerce spécial	commerce général	commerce spécial	commerce général	commerce spécial	commerce général	commerce spécial
	francs	francs	francs	francs	francs	francs	francs	francs
1906	473.030	473.030	»	»	1.096.579	1.096.579	1.569.609	1.569.609

Exportations.

ANNÉES	EXPORTATIONS						TOTAUX	
	POUR FRANCE		POUR LES COLONIES FRANÇAISES		POUR L'ÉTRANGER			
	commerce général	commerce spécial	commerce général	commerce spécial	commerce général	commerce spécial	commerce général	commerce spécial
	francs	francs	francs	francs	francs	francs	francs	francs
1906	6 410	6.410	»	»	3.441.863	3.441.863	3.448.273	3 448.273

Le tableau ci-dessous donne le détail des importations de l'étranger qui s'élèvent à 1.096.579 francs.

PAYS D'ORIGINE	VALEUR DES IMPORTATIONS
	francs
Angleterre	169.266
Allemagne	59.474
Belgique	452.522
Hollande	245.712
Autres pays	169.605

Le tableau ci-après donne, par pays de destination, le chiffre des exportations.

PAYS DE DESTINATION	VALEUR DES EXPORTATIONS
	francs
Angleterre	»
Allemagne	»
Belgique	3.441.863
Hollande	»
Autres pays	»

Classification générale des Importations et Exportations.

Le tableau récapitulatif qui suit fait connaître le détail des marchandises importées et exportées pendant l'année.

Les différentes marchandises ont été groupées en suivant l'ordre de la nomenclature officielle des Douanes et ce tableau permet de se rendre compte, pour chaque chapitre, de l'importance des entrées et des sorties.

	DÉSIGNATION DES ARTICLES	VALEUR DES IMPORTATIONS — commerce spécial 1906	VALEUR DES EXPORTATIONS — commerce spécial 1906
		francs	francs
Matières animales	Animaux vivants	20	»
	Produits et dépouilles d'animaux	67.539	»
	Pêches	8.680	»
	Substances animales brutes propres à la médecine et à la parfumerie	8	»
	Matières dures à tailler	»	1.381.285
Matières végétales	Farineux alimentaires	13.172	»
	Fruits et graines	2.779	»
	Denrées coloniales de consommation	28.837	»
	Huiles et sucs végétaux	1.176	2.066.988
	Espèces médicinales	»	»
	Bois	»	»
	Filaments, tiges et fruits à ouvrer	31	»
	Teintures et tanins	»	»
	Produits et déchets divers	7.519	»
	Boissons	66.641	»
Matières minérales	Marbres, pierres, terres, combustibles minéraux	632	»
	Métaux	78.615	»
Fabrications	Produits chimiques	81.692	»
	Teintures préparées	»	»
	Couleurs	2.344	»
	Compositions diverses	29.162	»
	Poteries	561	»
	Verres et cristaux	273.732	»
	Fils, tissus et confections	673.489	»
	Papier et ses applications	7.990	»
	Peaux et pelleteries ouvrées	19.156	»
	Ouvrages en métaux	92.265	»
	Armes, poudres, munitions	48.801	»
	Meubles	183	»
	Ouvrages en bois	786	»
	Instruments de musique	1.892	»
	Ouvrages de sparterie et de vannerie	»	»
	Ouvrages en matières diverses	61 907	»
Marchandises non dénommées importées par les Services local et colonial		49.928	»
	TOTAUX	1.569 609	3.448.273
Mouvement du numéraire (argent en thalers)		363.000	»

Origine des principales marchandises importées.

Le tableau des recettes faisant ressortir une plus-value de 72.704 francs aux importations, il serait intéressant de savoir si cette augmentation porte sur les importations de France ou sur celles de l'étranger, les résultats obtenus en 1905 ayant été en faveur de la production étrangère. Pour les raisons développées au commencement du présent rapport, il est matériellement impossible de s'en rendre compte.

DÉSIGNATION DES MARCHANDISES	ORIGINE DES MARCHANDISES		
	FRANCE	ÉTRANGER	TOTAUX
	francs	francs	francs
Animaux vivants	»	20	20
Produits et dépouilles d'animaux	39.451	36.768	76.219
Farineux alimentaires	3.330	9.842	13.172
Denrées coloniales de consommation	18.971	9.866	28.837
Produits et déchets divers	4.227	3.292	7.519
Boissons	53.196	13.445	66.641
Marbres, pierres, terres, combustibles, minéraux	394	238	632
Métaux	15.829	62 786	78.615
Produits chimiques	60.173	21.519	81.692
Compositions diverses	13.102	16.060	29.162
Verres et cristaux	73.710	200.022	273.732
Tissus, fils et confections	89.932	583.557	673.489
Peaux et pelleteries ouvrées	5.919	13.237	19.156
Ouvrages en métaux	32.667	59.598	92.265
Armes, poudres et munitions	9.196	39.605	48.801
Ouvrages en matières diverses	40.492	21.415	61.907

Principaux articles d'échange importés.

On relève, pour l'année 1906, aux importations d'armes et munitions une diminution de 1.428 fusils et de 6.106 kilogrammes de poudre de traite.

DÉSIGNATION DES MARCHANDISES	UNITÉS	QUANTITÉS IMPORTÉES
Spiritueux *à 50 centigrades.*	litre	6.318
Tissus	valeur	668.073
Fusils à silex	nombre	1.066
Poudre de traite	kilogrammes	29.802

Détail des Exportations.

L'état mensuel des denrées du crû exportées de la Colonie nous permet de comparer les exportations de 1906 avec celles de 1905. Il ressort de cette comparaison une diminution de 21.324 kilogrammes dans les exportations d'ivoire et une augmentation de 211.753 kilogrammes dans les sorties de caoutchouc.

La diminution assez importante dans les exportations d'ivoire que l'on pourrait imputer à la disparition progressive des éléphants, n'est pas due à cette cause, mais provient de ce que les groupes exportateurs ont été, dans les derniers mois de l'année, insuffisamment approvisionnés en marchandises spéciales exigées par l'indigène dans le commerce d'échange, notamment en fusils et en poudre de traite.

DÉSIGNATION DES PRODUITS		QUANTITÉS EXPORTÉES	
		tonnes	valeurs
Animaux vivants		»	»
Dents d'éléphants		69	1.381.218
Noix de palme		»	»
Fruits et graines oléagineux autres		»	»
Café en fèves		»	»
Cacao en fèves		»	»
Huile de palme		»	»
Copal		»	»
Caoutchouc		517	2.066.988
Bois	Okoumé	»	»
	Rouge	»	»
	Jaune	»	»
	Acajou	»	»
	Autres	»	»
Fruits et graines médicinaux		»	»

Tableau des exportations par pays de destination.

Pas d'exportations pour France. La faible quantité d'ivoire portée au présent tableau représente surtout des petites défenses et des objets de collection emportés par les passagers, fonctionnaires ou commerçants.

L'ivoire et le caoutchouc sortis pour la Belgique ont été expédiés sur Anvers.

DÉSIGNATION DES PRODUITS	PAYS DE DESTINATION								TOTAUX	
	FRANCE		ANGLETERRE		BELGIQUE		AUTRES PAYS			
	tonnes	valeurs	tonnes	valeurs	tonnes	valeurs	tonnes	valeurs	tonnes	valeurs
Animaux vivants	»	»	»	»	»	»	»	»	»	»
Dents d'éléphants	1/2	6.343	»	»	68 1/2	1.374.875	»	»	69	1.381.218
Noix de palme .	»	»	»	»	»	»	»	»	»	»
Fruits et graines oléagin. autres	»	»	»	»	»	»	»	»	»	»
Café en fèves .	»	»	»	»	»	»	»	»	»	»
Cacao en fèves .	»	»	»	»	»	»	»	»	»	»
Huile de palme.	»	»	»	»	»	»	»	»	»	»
Copal . . .	»	»	»	»	»	»	»	»	»	»
Caoutchouc . .	»	»	»	»	517	2.066 988	»	»	517	2.066.988
Bois — Okoumé	»	»	»	»	»	»	»	»	»	»
Bois — Rouge .	»	»	»	»	»	»	»	»	»	»
Bois — Jaune	»	»	»	»	»	»	»	»	»	»
Bois — Acajou.	»	»	»	»	»	»	»	»	»	»
Bois — Autres .	»	»	»	»	»	»	»	»	»	»
Fruits et graines médicinaux .	»	»	»	»	»	«	»	»	»	»

Exportations d'Ivoire et de Caoutchouc par les bureaux et Postes.

Toutes les opérations douanières concernant la colonie de l'Oubangui-Chari-Tchad étant effectuées par le service technique de la colonie du Moyen-Congo, les produits exportés des différentes régions de la première des Colonies précitées sont sortis par le bureau de Brazzaville.

BUREAU	IVOIRE (tonnes)	CAOUTCHOUC (tonnes)
Brazzaville	69	517

Recettes.

Le tableau ci dessous permet de comparer par nature de droits les recettes effectuées en 1905 et 1906.

Le total donne, pour 1906, une plus-value de **117.422 fr. 58.**

NATURE DES DROITS	PERCEPTIONS		DIFFÉRENCE pour 1906	
	année 1905	année 1906	en plus	en moins
	francs	francs	francs	francs
Droits d'importation . . .	84.797 98	157.502 48	72.704 50	»
Droits d'exportation. . . .	304.380 55	344.823 94	40.443 39	»
Produits divers	»	37 64	37 64	»
Droit de statistique. . . .	4.068 60	8 305 65	4.237 05	»
Totaux. . .	393 247 13	510.669 71	117.422 58	»
Différence en plus pour 1906			117.422 58	

Le régime douanier en vigueur dans l'Oubangui-Chari est celui établi par le protocole signé à Lisbonne le 9 avril 1892 et prorogé dans la suite.

A l'importation, toutes les marchandises, quelle que soit leur origine, paient un droit de 10 0/0 *ad valorem*, sauf les spiritueux, eaux-de-vie et liqueurs qui sont taxés à 90 francs par hectolitre d'alcool à 50 degrés centigrades, c'est-à-dire à 180 francs par hectolitre d'alcool pur.

A l'exportation, un droit de 10 0/0 *ad valorem* est perçu sur le caoutchouc et l'ivoire.

Les autres produits du crû, sauf les bois, sont taxés à 5 0/0.

Aucune recette n'a été effectuée en 1905-1906 pour la région du Tchad soumise à un régime douanier spécial (Arrêté du 25 avril 1902).

Le tableau ci-dessous donne les variations des recettes des bureaux ou postes pendant les années 1905-1906.

Toutes les recettes de l'Oubangui-Chari-Tchad sont effectuées par le bureau des Douanes de la colonie du Moyen-Congo.

BUREAUX	PERCEPTIONS		DIFFERENCE pour 1906	
	année 1905	année 1906	en plus	en moins
	francs	francs	francs	francs
Brazzaville	393.247 13	510.669 71	117.422 58	»
Totaux. . . .	393.247 13	510.669 71	117.422 58	»
Différence en plus pour 1906			117.422 58	

Entrepôts.

Il n'existe aucun entrepôt dans la colonie de l'Oubangui-Chari-Tchad.

Mouvement de la navigation.

Pas de régime officiel de navigation dans la colonie de l'Oubangui-Chari-Tchad.

Transit international.

Pas de transit en 1906 dans la colonie de l'Oubangui-Chari-Tchad.

COLONIE DU GABON

TABLEAU GÉNÉRAL DE LA VALEUR DES IMPORTATION ET EXPORTATIONS DE L'ANNÉE 1906.

1° Commerce entre la France et le Gabon.

Importations de France dans la Colonie	2 983.805	3.008.183	8.061.336
Importations des Colonies françaises dans le Gabon	24.378		
Exportations de la Colonie en France .	5.047.420	5.053.153	
Exportations de la Colonie pour les Colonies françaises	5.733		

2° Commerce de la Colonie et l'Étranger.

Importations en marchandises étrangères :

Par navires français	des entrepôts de France.	43.944	43.944	2.943.128	5.528.689
	de l'Etranger directement	»			
Par navires étrangers			2.899.184		

Exportations pour l'étranger :

Denrées et marchandises de la Colonie			2.582.216	2.585.561	
Denrées et marchandises provenant de l'importation	Françaises	280	3.345		
	Étrangères	3.065			

Total.	13.590.025
Marchandises importées par les Services local, colonial et marine	»
Total général (Commerce spécial) . .	13.590.025

Transit international.	Importations	163.805	311.735
	Exportations	147 930	
Total général (Commerce général) . .			13.901.760

Importation du numéraire.	or. . .	»	207.000
	argent	»	
	billon .	»	

Rapport commercial.

Un décret du 11 février 1906, promulgué par arrêté du 20 mai de la même année a réorganisé une nouvelle fois les possessions du Congo français et dépendances. Cette nouvelle réorganisation a ajouté à l'ancien Gabon toute la zône maritime s'étendant de Setté-Cama à la frontière portugaise et limitée à l'est par le méridien de Macabana.

Le Gabon s'est accru, de ce fait, des circonscriptions douanières de Setté-Cama et Loango, qui appartenaient précédemment à la colonie de Moyen-Congo.

Par suite de cette réorganisation, il est matériellement impossible de comparer en détail les opérations commerciales de 1906 avec celles effectuées en 1905 ; mais en rapprochant les chiffres globaux des statistiques des différents bureaux pour les deux années précitées, on se rend parfaitement compte que la marche en avant s'est considérablement accentuée grâce à l'importance prise par le commerce des bois.

Le chiffre du commerce général dépasse de 2.639.963 francs les résultats obtenus en 1905 et cette augmentation se répartit comme suit : Importations 763.684 francs et Exportations 1.876.279 francs.

La situation commerciale pour l'ensemble de la colonie du Gabon est donc excellente à la fin de l'année 1906 et tout porte à croire que le développement du commerce, notamment à l'exportation, s'accentuera en 1907.

Tableau du commerce.

ANNÉES	IMPORTATIONS		EXPORTATIONS		TOTAUX	
	COMMERCE général	COMMERCE spécial	COMMERCE général	COMMERCE spécial	COMMERCE général	COMMERCE spécial
	francs	francs	francs	francs	francs	francs
1906	6.115.116	5.951.311	7.786.654	7.638.714	13.901.760	13.59[illegible].025

Décomposition des Importations et Exportations.

Importations.

ANNÉES	IMPORTATIONS						TOTAUX	
	DE FRANCE		DES COLONIES FRANÇAISES		DE L'ÉTRANGER			
	commerce général	commerce spécial	commerce général	commerce spécial	commerce général	commerce spécial	commerce général	commerce spécial
	francs	francs	francs	francs	francs	francs	francs	francs
1906	2.983.305	2 983.805	24.378	24.378	3.106.933	2.943.128	6.115.116	5 951.311

Exportations.

ANNÉES	EXPORTATIONS						TOTAUX	
	POUR FRANCE		POUR LES COLONIES FRANÇAISES		POUR L'ÉTRANGER			
	commerce général	commerce spécial	commerce général	commerce spécial	commerce général	commerce spécial	commerce général	commerce spécial
	francs	francs	francs	francs	francs	francs	francs	francs
1906	5.047 420	5.047.420	5.733	5.733	2.733 491	2.585.561	7.786.644	7.638.714

Le tableau ci-dessous donne le détail des importations de l'étranger qui s'élèvent à 2.943.128 francs.

PAYS D'ORIGINE	VALEUR DES IMPORTATIONS
	francs
Angleterre	1.864.829
Allemagne	528.837
Etats-Unis	173.764
Autres pays	375.698

Le tableau ci-après donne, par pays de destination, le chiffre des exportations.

PAYS DE DESTINATION	VALEUR DES EXPORTATIONS
	francs
Angleterre	1.452.875
Allemagne	784.594
Etats-Unis.	102 700
Autres pays	245 392

Classification générale des Importations et Exportations.

Le tableau récapitulatif qui suit fait connaître le détail des marchandises importées et exportées pendant l'année.

Les différentes marchandises ont été groupées en suivant l'ordre de la nomenclature officielle des Douanes et ce tableau permet de se rendre compte, pour chaque chapitre, de l'importance des entrées et des sorties.

DÉSIGNATION DES ARTICLES		VALEUR DES IMPORTATIONS — commerce spécial 1906	VALEUR DES EXPORTATIONS — commerce spécial 1906
		francs	francs
Matières animales	Animaux vivants	16.892	3.474
	Produits et dépouilles d'animaux	380.281	123
	Pêches	145.909	276
	Substances animales brutes propres à la médecine et à la parfumerie	110	»
	Matières dures à tailler	99	721.418
Matières végétales	Farineux alimentaires	264.755	54
	Fruits et graines	4.932	108.252
	Denrées coloniales de consommation	214.860	166.374
	Huiles et sucs végétaux	59 031	2.651.761
	Espèces médicinales	102	2.303
	Bois	33.685	3.934 886
	Filaments, tiges et fruits à ouvrer	927	31.190
	Teintures et tanins	»	»
	Produits et déchets divers	38.128	744
	Boissons	578.785	1.049
Matières minérales	Marbres, pierres, terres, combustibles, minéraux	92.638	»
	Métaux	64.076	7.759
Fabrications	Produits chimiques	99.307	»
	Teintures préparées	24	»
	Couleurs	15.003	»
	Compositions diverses	206.888	»
	Poteries	86.049	»
	Verres et cristaux	79.867	34
	Fils, tissus et confections	1.889.528	1.749
	Papier et ses applications	40.827	»
	Peaux et pelleteries ouvrées	63.529	»
	Ouvrages en métaux	842.822	5.668
	Armes, poudres, munitions	367.222	300
	Meubles	24.930	»
	Ouvrages en bois	50.346	»
	Instruments de musique	3.185	»
	Ouvrages de sparterie et de vannerie	40.622	205
	Ouvrages en matières diverses	245.952	1.095
Marchandises non dénommées importées par les Services local, colonial et marine		»	»
	TOTAL	5.951.311	7.638.714
Mouvement du numéraire		207.000	»

Origine des principales marchandises importées.

Aux fils, tissus et confections les importations de l'étranger dépassent de 703.244 francs les importations de France, mais, aux autres chapitres, ces dernières ont généralement la prépondérance.

DÉSIGNATION DES MARCHANDISES	ORIGINE DES MARCHANDISES		
	FRANCE 1906	ÉTRANGER 1906	TOTAUX 1906
	francs	francs	francs
Animaux vivants	16.792	100	16.892
Pêches, produits et dépouilles d'animaux.	281.785	244.405	526.190
Farineux alimentaires	163.056	101.699	264.755
Denrées coloniales de consommation.	86.031	128.829	214.860
Produits et déchets divers.	34.266	4.862	38.128
Boissons.	401.197	177.588	578.785
Marbres, pierres, terres, combustibles, minéraux.	14.415	78.223	92.638
Métaux	34.915	29 161	64.076
Produits chimiques.	28.137	71.170	99.307
Compositions diverses.	156.684	50.204	206 888
Verres et cristaux	38.211	41.656	79.867
Tissus, fils et confections	593.142	1.296.386	1.889.528
Peaux et pelleteries ouvrées	42.125	21.404	63 529
Ouvrages en métaux	641.736	201.086	842 822
Armes, poudres et munitions.	83.307	283.915	367.222
Ouvrages en matières diverses	158.262	87 690	245.952

Principaux articles d'échange importés.

Le tableau ci-dessous fait ressortir les importations des principaux articles d'échange (tabacs en feuilles, spiritueux, tissus et confections, fusils à silex et poudre de traite).

	de France pour	de l'étranger pour
Les tabacs en feuilles proviennent . . .	5.643 k.	98.338 k.
Les spiritueux	354.080 l.	280.250 l.
Les tissus et confections.	579.029 fr.	1.277.061fr.
Les fusils à silex	»	22.938 fr.
La poudre de traite	64.068 k.	61.877 k.

DÉSIGNATION DES MARCHANDISES	UNITÉS	QUANTITÉS IMPORTÉES 1906
Tabacs en feuilles	kilog.	103.981
Spiritueux *à 50 centigrades*. . . .	litre	634.330
Tissus et confections	valeur	1.856.090
Fusils à silex	nombre	22.938
Poudre de traite	kilog.	125.945

Tableau des exportations par pays de destination.

DÉSIGNATION DES PRODUITS	FRANCE		ANGLETERRE		ALLEMAGNE		AUTRES PAYS		TOTAUX	
	tonnes	valeurs	tonnes	valeurs	tonnes	valeurs	tonnes	valeurs	tonnes	valeurs
Animaux vivants	»	240	»	»	»	2.862	»	372	»	3.474
Dents d'éléphants	32	643.170	4	78.248	»	»	»	»	36	721.418
Noix de palme	158	34.249	255	59.601	17	4.186	12	2.441	442	100.477
Fruits et graines oléagin.	28	6.901	»	»	3	854	»	»	31	7.755
Café en fèves	28	26.922	»	»	»	»	»	»	28	26.922
Cacao en fèves	89	137.602	1	754	»	»	»	»	90	138.356
Huile de palme	33	11.052	44	16.326	3	1.577	1	262	81	29.217
Copal	8	9.118	3	3.941	»	»	»	»	11	13.347
Caoutchouc	419	2.201.156	77	361.935	2	8.712	7	37.394	505	2.609.197
Bois — Ebène	690	138.152	86	17.273	»	»	»	»	776	155 425
Bois — Acajou	3.388	582.384	3.141	471.150	263	39.450	»	»	6.792	1.092.984
Bois — Okoumé	10.066	1.006.634	4.178	417.800	6.968	721.400	3.047	304.700	24 259	2.450.534
Bois — Rouge	343	34.327	15	1.500	41	4.100	»	»	399	39.927
Bois — Autres	1.960	196.016	»	»	»	»	»	»	1.960	196.016
Fruits et graines médicinaux	2	1.463	»	758	»	82	»	»	2	2 303
Piassava	20	8.324	114	22.866	»	»	»	»	134	31.190

Recettes.

Le tableau ci-dessous, qui comprend les recettes des années 1905-1906 effectuées par les bureaux de Libreville, Cap-Lopez, Setté-Cama et Loango, fait ressortir une plus-value de 257.433 fr. 27 en faveur de 1906.

NATURE DES DROITS	PERCEPTIONS		DIFFÉRENCE pour 1906	
	année 1905	année 1906	en plus	en moin
	francs	francs	francs	francs
Droits d'importation	503.501 96	674.245 15	170.743 19	»
Droits d'exportation	334.658 27	341.424 59	6.766 32	»
Produits divers.	31.459 44	33.429 57	1.970 13	»
Droit de statistique	25.151 25	33.905 70	8.754 45	»
Taxes locales de consommation .	205.214 64	274.413 82	69.199 18	»
Totaux. . .	1.099.985 56	1.357.418 83	257.433 27	»
Différence en plus pour 1906			257.433 17	

Régime douanier.

Deux régimes douaniers différents sont appliqués aux marchandises importées dans la Colonie.

1° Les droits du tarif général de 1892, sauf quelques exceptions fixées par décrets des 29 novembre 1892, 8 juillet 1900 et 31 décembre 1903, frappent les marchandises étrangères introduites dans la région dite *Ancien Gabon.*

2° Les droits établis par le Protocole signé à Lisbonne le 8 avril 1892 et prorogé par arrêté du 24 juillet 1902 sont appliqués aux marchandises importées dans le territoire du Bassin Conventionnel.

Les spiritueux et armes de toute provenance ainsi que les poudres de chasse et de traite acquittent, en outre, dans la seule région de l'ancien Gabon des taxes de consommation dont le taux a été fixé le 31 décembre 1903.

A la sortie, il n'existe qu'un seul régime, fixé également par un décret du 31 décembre 1903 (ivoire et caoutchouc, droit de 10 0/0 *ad valorem* ; arachides, café, copal, huile de palme, noix palmistes, sésames, droit de 5 0/0 *ad valorem*).

Les prix servant de base à la liquidation des droits de sortie sont fixés pour chaque semestre (sauf pour le caoutchouc et l'ivoire exportés du Bassin Conventionnel) par un arrêté local pris sur la proposition de la Commission des mercuriales.

BUREAUX	PERCEPTIONS		DIFFÉRENCE pour 1906	
	année 1905	année 1906	en plus	en moins
	francs	francs	francs	francs
Libreville	249.807 57	338.317 60	88.510 03	»
Cap-Lopez	475.371 75	521.725 70	46.353 95	»
Setté-Cama	123.238 59	107.211 32	»	16.027 27
Loango	251.567 65	390.164 21	138.596 56	»
TOTAUX.	1.099.985 56	1.357.418 83	273.460 54	16.027 27
Différence en plus pour 1906			257.433 27	

Entrepôts.

Il n'existe pas d'entrepôts réels au Gabon. Seules quelques maisons de commerce de Libreville, Setté-Cama et Loango possèdent des entrepôts fictifs qui ont été autorisés par des arrêtés locaux.

Au Gabon, les marchandises ne sont jamais entreposées en vue de la réexportation, mais bien uniquement dans le but d'éviter le paiement immédiat des droits et taxes d'entrée.

Navigation.

Les ports de la Colonie sont desservis par quatre lignes régulières de navigation dont deux françaises : Chargeurs-Réunis (voyage mensuel) et Fraissinet (un voyage tous les deux mois); une anglaise : Elder Dempster (voyage mensuel) et une allemande Woermann (voyage mensuel).

En plus de ces quarante-deux navires réguliers, vingt-trois grands vapeurs (dix français, six anglais, sept allemands) sont venus dans le courant de 1906, prendre des chargements de bois à destination de France, Angleterre, Allemagne, Etats-Unis et Hollande (par transbordement).

A signaler encore le passage de plusieurs petits caboteurs des colonies voisines (Guinée espagnole, Congo portugais) et de l'Etat Indépendant du Congo, et l'arrêt tout à fait exceptionnel d'un paquebot de la ligne belge Matadi-Anvers.

La Compagnie des Chargeurs-Réunis a inauguré en avril, son nouveau service : Départ de Bordeaux le 25 de chaque mois, départ de Libreville le 24 de chaque mois.

Le mouvement de la navigation pendant l'année 1906 est résumé dans le tableau ci-après :

ENTRÉES		NOMBRE de navires	TONNAGE	NOMBRE d'hommes d'équipage	OBSERVATIONS
Navires français venant de	Bordeaux	12	24.622	649	
	Marseille	6	7.205	320	
	Colonies françaises. .	10	15.827	350	
Navires étrangers venant de	Angleterre	12	27.132	852	
	Allemagne	12	21.608	363	
	Diverses provenances .	25	21.210	768	
	TOTAUX . . .	77	117.604	3.302	
SORTIES					
Navires français allant à	Bordeaux	12	23.874	634	
	Marseille	6	7.440	328	
	Havre	12	19 464	432	
Navires étrangers allant à	Angleterre	16	32.365	996	
	Allemagne	17	27.388	528	
	Diverses destinations .	14	6.295	292	
	TOTAUX . . .	77	116.826	3.210	

Transit international.

Le transit international figure au commerce général de la colonie du Gabon pour 311.735 francs.

Les opérations de l'espèce n'ont intéressé que la Guinée espagnole.

TRAVAUX PUBLICS

Personnel

Le fonctionnement du service des Travaux publics a été assuré pendant l'année 1906 par un personnel dont la solde et les accessoires de solde ont été payés sur le chapitre 10, Budget général.

Ce personnel a été ainsi réparti :

Pour le Moyen-Congo

1 ingénieur auxiliaire, chef de service ;
1 conducteur de 2e classe ;
1 commis de 3e classe des Ponts et Chaussées H. C. ;
1 commis de 4e classe des Travaux publics ;
1 stagiaire d'artillerie H. C. ;
1 surveillant des Travaux publics ;
1 commis de 3e classe des affaires indigènes faisant fonctions de surveillant.

Pour le Gabon

1 conducteur de 3e classe, chef de service ;
1 conducteur de 3e classe ;
1 commis de 3e classe des Ponts et Chaussées ;
1 comptable ;
1 stagiaire d'artillerie H. C ;
1 surveillant ;
1 magasinier ;
1 surveillant auxiliaire ;
1 mécanicien européen.

Pour l'Oubangui-Chari-Tchad

2 surveillants d'artillerie H. C.

La somme totale affectée au paiement de ce personnel s'élève à 75.137 fr. 84, représentant environ 9,95 0/0 du montant total des travaux exécutés dont le chiffre est de 746.285 fr. 60.

Travaux exécutés. Dépenses faites

1° *Dépenses intérieures du service. Matériel.* — L'achat de registres et d'imprimés, de matériel et de matériaux de construction au Gabon, de matériel d'éclairage au Gabon et au Moyen-Congo, d'outils et de machines, d'instruments de précision, a épuisé à peu près le crédit prévu.

2° *Dépenses d'entretien.* — Des travaux importants d'aménagement et d'entretien ont été exécutés aux principaux immeubles de Brazzaville : Hôtel du Commissaire général, Hôtel du Secrétaire général, Commissariat spécial, Hôpital, Postes et Télégraphes, ainsi qu'à de nombreux logements de fonctionnaires, tant au chef-lieu que dans les postes.

Une somme de 56.000 francs avait été prévue de ce chef pour les trois colonies du groupe ; il a été dépensé 89.210 fr. 15, soit un excédent de 33.000 francs.

Par contre, sur le crédit de 46.000 francs, inscrit pour « Entre tien des routes au Moyen-Congo et au Gabon », 9.848 fr. 62, seulement, ont été employés, soit en moins : 36.151 fr. 38.

L'importance des travaux de bâtiment exécutés en 1906, en absorbant la presque totalité de la main-d'œuvre disponible, n'a pas permis de remplir exactement le programme arrêté pour l'entretien des routes. On a dû se borner aux réparations indispensables.

C'est ainsi que le montant des économies réalisées sur l'ensemble des prévisions du paragraphe « Matériel et Entretien », s'est élevé à 3.312 fr. 35.

Eclairage à Brazzaville. — Sur les crédits de 10.000 francs prévus pour l'éclairage de la ville et celui des hôtels du Commissaire général, du Secrétaire Général et du Lieutenant-Gouverneur du Moyen-Congo, il a été dépensé 4.084 fr. 50, soit une réduction de 5.915 fr. 50.

Entretien de la machine à glace. — Le fonctionnement de la machine à glace a été très irrégulier pendant l'année 1906, tant à cause du retard qui s'est produit dans la réception des pièces de rechange commandées en France depuis 1904 et qui ne sont parvenues que dans le courant du mois d'avril, que par suite des avaries survenues dans l'arbre moteur. En service depuis 1898, cet appareil ne semble plus répondre aux besoins de la population.

L'acquisition d'une machine neuve pouvant donner une production supérieure est envisagée, à moins qu'une glacière ne vienne à être établie par l'industrie privée.

Prison de Brazzaville. — Les murs extérieurs de l'ancienne prison, construits en briques et hourdés au mortier de terre étaient très souvent dégradés par les prisonniers, dont plusieurs avaient réussi à y pratiquer un passage par lequel ils s'étaient évadés. Les réparations nécessaires ont été effectuées.

Travaux neufs et grosses réparations.

Construction d'une nouvelle prison à Brazzaville. — Il a été construit deux pavillons à Brazzaville pendant l'année 1906 ; le premier pour servir de prison aux indigènes, en pisé revêtu d'un enduit au mortier de chaux hydraulique : Bâti sur un soubassement surélevé d'un mètre au-dessus du sol, il comprend trois pièces de 5 mètres de longueur sur 5 mètres de largeur ; une galerie de 2 mètres de largeur règne sur toute la façade Nord ; la couverture est en tôle ondulée. Les locaux sont bétonnés et cimentés ; coût 12.018 fr. 97. Le 2e pavillon pour servir de prison aux Européens : il se compose de 2 pièces de 4 mètres sur 4 mètres et est construit dans les mêmes conditions que le précédent ; son prix de revient s'élève à 6.532 fr. 66.

Construction d'un marché couvert à Brazzaville. — Sur le crédit de 21.000 francs prévu à l'exercice 1906, un marché couvert a été construit avec l'un des deux hangars démontables fournis en juillet et août par la Société des constructions démontables. La dépense s'est élevée à 11.997 fr. 26. Le 2e hangar doit servir de magasin au service local.

Construction d'un immeuble pour le service des Postes et Télégraphes à Mayumba. — Un pavillon en bois composé de 3 pièces et ses annexes, a été mis à la disposition du service des Postes et Télégraphes à Mayumba. Cette construction a été commencée en 1905, suivant marché intervenu à cette époque, par la Compagnie du Congo occidental; elle n'a pu être achevée qu'en 1906; il a été payé sur les disponibilités de cet exercice : 5.392 fr. 27.

Immeuble des Travaux publics à Brazzaville. — Commencée en 1905, cette construction a été terminée en décembre 1906. La dépense incombant à l'exercice 1906 s'est élevée à 24.836 fr. 90.

Immeuble pour le Chef du service des douanes. — Un crédit de 20.000 francs avait été prévu au budget général pour l'édification de cet immeuble. Commencés en avril, les travaux étaient finis en octobre. C'est un petit bâtiment en pisé enduit au mortier hydraulique et composé de trois pièces de 5 mètres sur 4 mètres. Une galerie de 2 mètres de largeur règne tout autour du bâtiment, qui est surélevé de 0 m. 80 au-dessus du sol. Trois escaliers y donnent accès.

La prévision a été dépassée de 348 fr. 70.

Hôtel du Lieutenant-Gouverneur du Moyen-Congo (Pavillon n° 1). — Ce pavillon, acheté en France suivant marché en date du 20 mars 1906, est arrivé dans la Colonie en mai-juin et a été élevé rue de Lamothe. Construit en bois, il comporte deux étages reposant sur 35 colonnes en fonte, de 2 mètres de hauteur, fixées dans le sol; il a été commencé en juillet et terminé en novembre.

Les aménagements exécutés à cet immeuble pour le protéger contre l'envahissement des eaux de pluie, l'édification des annexes, n'ont pu être terminés avant le 31 décembre 1906.

La dépense globale s'est élevée à 86.804 fr. 24.

Pavillon n° 2, affecté au cabinet du Commissaire général. — Commandé en France à peu près à la même époque que le précédent, il a été construit à l'angle de la rue Dolisie et de l'avenue du Gouvernement. Il est composé d'un rez-de-chaussée élevé sur 28 colonnes en fonte de 2 mètres de hauteur et comporte quatre pièces de 5 m. × 4 m.

Y compris l'édification des dépendances, la dépense globale s'est élevée à 43.628 fr. 56.

Hôtel du Gouverneur secrétaire général (Pavillon n° 3). — Etabli rue Liotard, dans le terrain situé entre l'immeuble du Chef du service des Douanes et l'Ecole primaire indigène, il est du même type que le précédent, mais au lieu de le surélever sur des colonnes en fonte, on l'a assis sur un soubassement en maçonnerie, de 3 m. 75 de hauteur, permettant l'installation de bureaux administratifs. Il a été commencé en août et n'était pas terminé en fin décembre ; les crédits ont été prorogés jusqu'au 28 février.

Dépense totale . . . . 70.862 fr. 15

Cet immeuble a été utilisé provisoirement pour loger la mission d'étude de la maladie du sommeil.

Pavillon d'isolement pour les malades atteints de trypanosomiase. — Cette construction a été commencée en septembre et terminée avant le 28 février 1907, date jusqu'à laquelle les crédits avaient été prorogés, pour en permettre l'achèvement d'urgence. Elle se compose de deux pièces de 5 m. sur 5 m. et d'une grande salle de 10 mètres de longueur sur 5 mètres de large. Une vérandah de 2 m. 50 règne tout autour du bâtiment. La couverture est en tôle ondulée.

Dépense totale . . . . 22.495 fr. 30

En même temps que ces deux immeubles étaient mis à la disposition de la mission, l'administration faisait construire sur les fonds de la subvention de 60.000 francs allouée par le Budget général des possessions du Congo français et Dépendances, un colombier pour servir de logement aux pigeons voyageurs qui avaient été amenés de France.

Dépense . . . . 950 fr. 97

Réparation du pont de la Foa. — Le pont de la Foa, pour la reconstruction duquel il avait été prévu un crédit de 21.000 fr. à l'exercice 1906, a été, cette année, simplement réparé.

Dépense . . . . 221 fr. 30

Adduction d'eau à Cap-Lopez. — Par contre une somme de 5.050 fr. 45 a été employée à l'adduction d'eau potable à Cap-Lopez.

Création de postes politiques. — La moitié seulement du crédit de 58.000 francs, inscrit à cet effet au Budget général a été employée à la construction de divers postes.

Savoir :

Gabon	26.155 89
Moyen-Congo	3.545 75
	29.701 64

Immeuble du tribunal de Brazzaville. — La dernière annuité de 25.000 francs restant due à la Compagnie des Messageries fluviales pour l'immeuble cédé à l'Administration et qui a servi à l'installation des divers services de la Justice (Tribunal, Parquet, Greffe, Notariat), ainsi qu'au logement des magistrats, a été payée en 1906.

Oubangui-Chari-Tchad.

Construction et ameublement de l'Hôtel du Gouverneur et des locaux des divers services du chef-lieu de l'Oubangui-Chari-Tchad. — Un crédit de 165.000 francs avait été prévu au budget pour la construction :

1° d'un hôtel du Gouvernement de l'Oubangui-Chari-Tchad	100.000 »
2° de deux pavillons pour les bureaux et les logements des fonctionnaires à Fort de Possel. .	40.000 »
3° Achat de mobilier et frais d'installation . .	25.000 »
.	165.000 »
Les dépenses effectuées en 1906 se sont élevées à	188.852 14
soit, un excédent de	23.852 14

Le décret du 11 décembre 1906 a maintenu Bangui comme siège du Gouvernement de la Colonie.

L'emplacement existant n'ayant pas semblé suffisamment approprié et spacieux pour y jeter les fondements d'un centre appelé à un rapide développement, les premières bases de la Cité naissante ont été établies sur le plateau voisin, après entente amiable avec le chef Bangassoua, qui a reçu, pour l'abandon du village indigène bâti à cet endroit, une somme forfaitaire de 2.000 francs, destinée à lui tenir lieu d'indemnité. Le nouveau site a été, d'ailleurs, reconnu comme offrant les meilleures garanties au point de vue de la salubrité.

Les difficultés rencontrées dans le recrutement de la main-d'œuvre, jointes aux lenteurs inévitables des transports, ont contribué à retarder l'ouverture des travaux. Grâce à l'activité déployée, les matériaux nécessaires arrivent peu a peu à pied d'œuvre. Les deux pavillons démontables attendus parviennent à leur tour et sont édifiés. Quatre autres maisons, en pierre et briques, sont en outre mises en construction avec leurs annexes, ainsi que trois hangars destinés à abriter l'outillage, le matériel et à servir de magasin.

Dépenses de navigation.

1° *Au Moyen-Congo.* — *Personnel.* — Le personnel européen (1 mécanicien) les salaires et vivres de l'équipage et l'entretien du vapeur « Albert Dolosie » ont nécessité une dépense globale de 24.991 fr. 12.

2° *Au Gabon.* — Une somme de 14.193 fr. 21 a été employée au Gabon pour assurer le service de la navigation, savoir :

1 mécanicien européen.	4.014 76
Salaires et vivres du personnel indigène et entretien des embarcations.	4.178 45
Subvention à la Compagnie des Chargeurs pour le service postal de la Côte-Nord et du Como . .	6.000 »

3° *Dans l'Oubangui-Chari-Tchad.* — Le montant des salaires et vivres du personnel de la flottille du Tchad s'est élevé à 34.087 17

Une somme de 19.765 fr. 49 a été en outre employée à l'achat de baleinières et de matériel de rechange.

Enfin, sur le crédit de 160.402 fr. 21, il n'a été dépensé que 93.036 fr. 99, d'où, une économie sur les prévisions de 67.365 fr. 22.

Phares et Balises. — *Personnel.* — Le service des phares et balises au Gabon a été assuré en 1906 par :

3 maîtres de phare,
3 gardiens de phare,
2 gardiens de phare auxiliaires,
2 gardiens de phare indigènes.

Dépense.	16.957 60
Prévision	23.520 »
Différence en plus	6.562 40

Matériel. — Sur le crédit de 16.300 francs, prévu pour achat d'huile minérale, frais de mouillage de bouées au Gabon, et pour le curage de la rivière Alima, dans le Moyen-Congo, il a été réalisé une économie de 7.124 fr. 70.

Au résumé, le chapitre 10, se solde de la manière suivante, en fin d'exercice :

Crédits ouverts	872.936 21
Dépenses effectuées	865.455 49
Economie réalisée	7.480 72

Ecole professionnelle de Brazzaville. — L'Administration a créé, par arrêté en date du 20 janvier 1906, une école professionnelle dont la direction a été confiée au service des Travaux publics.

Vingt apprentis, provenant en grande partie de la Sangha, ou du Bas-Congo, ont été placés dans cette école et dirigés, suivant leurs aptitudes, vers les professions suivantes :

Menuiserie.	7 Sangas. 1 Bondjo. 3 Bacongos.
Maçonnerie.	3 Sangas. 3 Bondjos. 1 Bacongo.
Ajustage, conduite des machines.	2 Sangas.

Les premiers résultats paraissent satisfaisants.

Les élèves sont logés dans un bâtiment en pisé, couvert en tôles ondulées, et divisé en trois grandes chambres où ils sont groupés par catégorie de race.

Les dépenses, effectuées pour l'édification de la maison d'habitation, la nourriture et l'habillement des apprentis, se sont élevées pour l'année 1906 à . . . . 8.101 fr. 44

Ces jeunes gens suivent, en outre, et non sans fruit, les cours primaires de l'école laïque indigène, dont ils constituent l'élément le plus intelligent et le plus assidu.

Dépenses extraordinaires.

Achat de chaloupes au Gabon. — Il a été acheté deux chaloupes garde-côtes pour le service des Douanes du Gabon.

6

Dépense . . . . 40.814 fr. 10

Adduction d'eau à Brazzaville. — Les travaux de l'adduction d'eau à Brazzaville, en cours d'exécution depuis 1904, étaient terminés en juillet 1906.

L'eau du ruisseau dit : « de la glacière » est aujourd'hui distribuée en abondance sur le Plateau.

Il a été dépensé de ce chef, depuis l'origine, une somme globale de . . . . 171.401 fr. 32

Les travaux de captation, l'achèvement du bâtiment et du bassin de puisage, de même que le montage des machines, la pose des conduites d'aspiration et de refoulement, le réservoir, la pose des tuyaux et des bornes fontaines de distribution, etc., ont nécessité, en 1906, une dépense de . . . 16.841 fr. 69

Achèvement des Lignes télégraphiques. — Les lignes télégraphiques ayant fait l'objet d'une étude spéciale, que l'on trouvera par ailleurs (service des Postes et Télégraphes), il n'en sera fait mention ici que pour inscrire, à sa rubrique budgétaire, la dépense effectuée à ce titre en 1906 et qui s'est élevée à. . . . . 146.995 fr. 29

Une somme de 2.049 fr. 85 a été également employée à la création de postes télégraphiques dans l'intérieur.

LÉGISLATION

Année 1906.

Pendant l'année 1906, le Congo français s'est trouvé placé sous deux réglementations au point de vue législatif : Le décret du 19 décembre 1903, du 1er janvier au 30 juin, et le décret du 11 février 1906, promulgué le 20 mai et mis en vigueur à partir du 1er juillet pour le fonctionnement des divers budgets.

De notables changements politiques, administratifs, financiers, sont ainsi survenus du fait de cette dernière réorganisation : Modification des anciennes divisions territoriales ; création de gouvernements nouveaux, pourvus de budgets autonomes et assistés de Conseils d'administration ; institution d'un Conseil de gouvernement, d'une commission permanente de ce conseil ainsi que d'un Budget général des diverses Possessions du Groupe ; adjonction d'un Gouverneur-Secrétaire général au Commissaire général du gouvernement ; extension du contrôle local près les Sociétés concessionnaires ; enfin création de justices de paix à compétence étendue.

Les arrêtés les plus importants publiés au *Journal Officiel* ainsi qu'au *Bulletin administratif de la Colonie*, tant pour la promulgation des actes émanant de la Métropole que pour la réglementation des questions locales, ont été réunis et brièvement énoncés, par ordre chronologique, dans le présent rapport.

Arrêté du 5 janvier 1906, créant une justice de paix à compétence étendue à Madingou et en confiant le siège à l'Administrateur de la région. Le ressort territorial de cette justice de paix comprend toute l'étendue de la région administrative de Madingou (*J. O. C.*, n° 2, p. 7, 13 janvier).

Arrêté du 5 janvier 1906, supprimant la justice de paix à compétence étendue de Carnot et la remplaçant par une justice de paix créée à Nola.

Le fonctionnaire chargé de l'Administration de la région, dont Nola est le chef-lieu, exercera les fonctions de juge de paix à compétence étendue. Le ressort territorial de cette justice de paix comprend toute l'étendue de la région administrative (*J. O.*, p. 7, nº 2, 13 janvier).

Arrêté du 5 janvier 1906, promulguant le décret du 19 octobre 1905, qui rend applicable à diverses colonies la loi du 4 juillet 1889, complétant l'article 177 du Code pénal (relatif à la corruption des fontionnaires publics (*J. O.*, p. 14, nº 3, 20 janvier).

Arrêté du 15 janvier 1906, promulguant le décret du 6 octobre 1905, qui fixe les droits compensateurs exigibles en France, en Algérie et dans les colonies et possessions françaises en vertu de la convention de Bruxelles sur les sucres provenant des pays qui accordent des primes à la production et à l'exportation des sucres (*J. O.* 20 janvier, p. 13).

Arrêté du 22 janvier 1906, promulguant dans les colonies et territoires constituant l'ensemble des possessions du Congo français et dépendances la loi d'amnistie du 2 novembre 1905 (*J. O.* 27 janvier, p. 22 et 23).

Arrêté du 18 janvier 1906, relatif au ravitaillement médical des missions télégraphiques (création de 4 centres pharmaceutiques à Lirranga, les Balloïs, Impfondo et Mongoumba (*J. O.* 27 janvier, p. 24).

Arrêté du 20 janvier 1906, créant une école professionnelle indigène à Brazzaville et réglementant son fonctionnement.

Cette école est établie dans les dépendances du service des Travaux publics. Elle est destinée à former des ouvriers indigènes, et comprend 20 apprentis nourris et entretenus aux frais de la Colonie.

Ils devront être âgés de dix ans au moins et de quinze ans au plus. — L'enseignement est à la fois théorique et pratique. L'enseignement pratique et technique est fait par les maîtres ouvriers sous la direction du Chef du service des Travaux publics (*J. O.* du 27 janv., p. 24).

Arrêté du 30 janvier 1906, rapportant l'arrêté du 24 avril 1901 et fixant à nouveau le prix de la journée d'hôpital de Libreville pour les femmes et enfants de fonctionnaires (même prix de journée que le chef de famille) (*J. O.* 3 février 1906).

Arrêté du 30 janvier 1906, déterminant pour l'ensemble des possessions du Congo français les charges, clauses et conditions générales pour la mise aux enchères publiques, en cas de compétitions, du droit à la concession à titre définitif et onéreux des lots urbains (*J. O.* 10 février, p. 10).

Arrêté du 30 janvier 1906, complétant l'article 9 du règlement du 26 septembre 1891 sur les ventes et concessions de terrains au Congo français (*J. O.*, n° 6, p. 39, 10 février).

Circulaire ministérielle du 16 novembre 1905, relative au logement et à l'ameublement des missions d'inspection (*J. O.* 17 février, p. 45).

Arrêté du 26 février 1906, promulguant le décret du 10 décembre 1905 qui porte modification au décret du 6 avril 1900, réorganisant le cadre des administrateurs coloniaux (*J. O.* 3 mars, p. 54).

Arrêté du 26 février 1906, promulguant le décret du 12 décembre 1905 relatif à la répression de la traite en Afrique occidendentale et dans le Congo français (*J. O.* 3 mars, p. 55).

Circulaire ministérielle du 10 janvier 1906, réglant les conditions dans lesquelles les mandats dépassant 500 francs doivent être payés aux associés ou gérants de société ou association.

Le Trésorier payeur devra certifier sur le mandat que le gérant ou associé intervenant a droit à la signature sociale (*J. O.* du 10 mars, p. 62).

Circulaire ministérielle du 25 janvier 1907, relative au « Reversement des fonds sur les dépenses du Ministère » et le contrôle des prises en charge (*J. O.* du 10 mars, p. 62).

Arrêté du 28 février 1906, promulguant le décret du 20 janvier 1906, qui modifie le décret du 11 octobre 1905 fixant les conditions de nomination à l'emploi de Secrétaire général des Colonies (*J. O.* du 10 mars, p. 62).

Arrêté du 19 mars 1906, promulguant le décret du 11 février 1906, portant création de trois justices de paix à compétence étendue à Fort-de-Possel, Ouesso et N'Djolé (*J. O.* du 24 mars, p. 80).

Circulaire ministérielle du 5 février 1906, relative aux successions et biens vacants aux Colonies (*J. O.* du 31 mars, p. 94).

Arrêté du 19 mars 1906, promulguant le décret du 6 décembre 1905, qui porte organisation du personnel du service de l'Agriculture dans la Colonie (*J. O.* du 31 mars, p. 96).

Arrêté du 2 avril 1906, approuvant et rendant définitive la convention passée le 1er janvier 1906 entre le délégué du Commissaire général dans le territoire du Tchad et le sultan du Baguirmi. Cet acte modifie la convention dite de « Laïri », en date du 20 août 1905, et porte le crédit inscrit au budget de l'Oubangui-Chari-Tchad, sous la rubrique « Indemnité au Sultan Gaourang », de 3.000 francs à 6.000 francs, à compter du 1er janvier 1906 (*J. O.* du 7 avril, p. 106).

Circulaire du Commissaire général p. i. du 23 mars 1906, rendant applicable à Brazzaville l'arrêté du 7 décembre 1901 relatif aux expéditions du matériel (*J. O.* du 14, p. 114).

Arrêté du 4 avril 1906, approuvant et rendant définitive la convention passée à Tchekna le 11 janvier 1906 entre le délégué du Commissaire général dans le territoire du Tchad et le sultan Mohammed Abd-er-Rhaman Gaourang, et remplaçant celle du 6 mai.

Cette convention précise le détail de la redevance en nature ou en argent que doit payer le sultan (*J. O.* du 14 avril, p. 115).

Arrêté du 9 avril 1906, rapportant l'arrêté du 9 février 1905 et fixant à nouveau l'effectif des agents du cadre local des secrétariats généraux.

Circulaire ministérielle du 9 mars 1906, au sujet des affaires administratives à soumettre au Conseil d'Etat (*J. O.* 28 avril, p. 130).

Arrêté du 20 avril 1906, promulguant le décret du 11 février 1906, qui rend applicable aux Colonies la loi du 28 mars 1904, spécifiant que les effets de commerce échus un dimanche ou un jour férié ne seront payables que le lendemain (*J. O.* du 28 avril, p. 130).

Arrêté du 28 avril 1906, créant un bureau des postes et télégraphes à Fort de Possel (*J. O.* 5 mai, p. 139).

Arrêté du 7 mai 1906, supprimant l'agence spéciale de Fort Lamy et installant dans cette localité un préposé du Trésor (*J. O.* du 19 mai, p. 153).

Arrêté du 9 mai 1906, modifiant ou complétant les articles 3 et 8 de celui du 2 août 1904, qui réglemente la vente des vivres frais sur le marché de Brazzaville (*J. O.* du 12 mai, p. 149).

Arrêté du 20 mai, promulguant le décret du 11 février 1906, qui porte réorganisation des possessions du Congo français et dépendances (*J. O.* du 26 mai, p. 161).

Arrêté du 20 mai 1906, organisant, conformément à l'article 13 du décret du 11 février 1906, un service de Contrôle près les Sociétés concessionnaires sous le nom de « Commissariat spécial du Gouvernement chargé de la surveillance des Compagnies concessionnaires (*J. O.*, 26 mai, p. 165).

Arrêté du 20 mai 1906, fixant les attributions du Commissariat spécial près les Sociétés concessionnaires (*J. O.* 26 mai, p. 166).

Arrêté du 21 mai 1906, promulguant dans les Colonies constituant l'ensemble du Congo et dépendances le décret du 3 mars 1906, qui porte réorganisation du Conseil de Gouvernement et des Conseils d'Administration (*J. O.* 26 mai, p. 164).

Arrêté du 21 mai 1906, plaçant les chefs d'administration et de service du Moyen-Congo sous l'autorité du Lieutenant-Gouverneur de cette colonie. Le service des Travaux publics et des Postes et Télégraphes, qui participent aux dépenses du budget général, resteront, en ce qui concerne cette partie de leur administration, sous les ordres directs du Commissaire général du Gouvernement.

Les chefs de ces services touchent, à ce titre, une indemnité supplémentaire de fonction imputable sur le Budget général (*J. O.* 26 mai, p. 167).

Instructions générales du 31 mai 1906, classant, conformément aux dispositions de l'article 4 du décret du 11 février 1906, les services existant actuellement au Congo français (*B. O.* juin, p. 88. *J. O.* 2 juin, p. 173).

Arrêté du 2 juin 1906, fixant le cadre du personnel des Postes et Télégraphes du Moyen-Congo (*B. O.* juin, p. 100).

Arrêté du 9 juin 1906, fixant le prix de l'abonnement et des annonces du *Journal Officiel*, à compter du 1er juillet 1906 (*B. O.* juin, p. 125).

Arrêté du 12 juin 1906, créant un emploi de commis-rédacteur du cadre métropolitain dans le personnel des Postes et Télégraphes en service dans la colonie du Moyen-Congo (*B. O.* juin, p. 127).

Arrêté du 21 juin 1906, promulguant le décret du 10 mars 1906, qui rend applicable dans les colonies la loi sur la Marine marchande du 31 juillet 1902 (*B. O.*, p. 128).

Arrêté du 21 juin 1906, promulguant le décret du 23 avril 1906, qui fixe la taxe dans les relations intercoloniales à 10 centimes par 15 grammes et fractions de 15 grammes (*B. O.*, p. 131).

Arrêté du 21 juin 1906, promulguant le décret du 2 mai 1906, qui étend au personnel dirigeant de la garde indigène du Congo français les dispositions du décret du 23 novembre 1904 : Versement à la caisse des dépôts et consignations (*B. O.*, p. 134).

Arrêté du 28 juin 1906, supprimant la Justice de paix de Ouesso, qui avait pour ressort territorial l'étendue de la région de la Moyenne Sangha et établissant la Justice de paix à compétence étendue de Ouesso, créée par décret du 11 février 1906 (*J. O.* juillet, p. 226).

Arrêté du 30 juin 1906, supprimant les anciennes justices de paix de Fort Crampel et Fort-Sibut et fixant les limites territoriales du ressort de celle à compétence étendue de Fort-de-Possel, créée par décret du 11 février 1906.

Arrêté ministériel du 22 mai 1906, augmentant le personnel du cadre général du Secrétariat général.

Arrêtés des 1er et 4 juillet 1906, complétant les tableaux A et B annexés à l'arrêté du 25 avril 1905 (*B. O.* juillet, p. 192).

Arrêté du 5 juillet 1906, modifiant celui du 13 août 1898, qui réglemente le service hospitalier à Brazzaville.

Arrêté du 18 juillet 1906, modifiant l'arrêté du 30 juin 1906, qui délimite le ressort de la justice de paix à compétence étendue de Fort-de-Possel et supprime l'ancienne justice de paix de Bangui.

Arrêté du 18 juillet 1906, modifiant celui du 28 juin 1906 délimitant le ressort de la justice de paix à compétence étendue de Loukoléla.

Arrêté du 25 juillet 1906, créant dans chacun des centres

ci-après une agence spéciale dont l'encaisse maxima est fixée ainsi qu'il suit :

Sindara	5.000 fr.
Lambaréné	10.000 fr.
Kango.	10.000 fr.

Arrêté du 23 juillet 1906, fixant les attributions des fonctionnaires adjoints au Chef de la région à Brazzaville (*J. O.* du 11 août, p. 268).

Arrêté du 2 août 1906, promulguant le décret du 8 juin 1906, qui porte modification aux décrets des 3 juillet 1897 et 6 juillet 1904 sur les indemnités de déplacement et passages gratuits du personnel colonial (*B. O.* août, p. 251).

Arrêté du 3 août 1906, réunissant en un seul secteur les deux circonscriptions de Setté-Cama Nord et de Setté-Cama Sud (*B. O.* août, p. 255)

Arrêté du 15 août 1906, fixant à 16 0/0 la tare légale du poids brut pour les fûts de caoutchouc exportés du Congo français et dépendances (*B. O.* août, p. 263).

Arrêté du 23 août 1906, ouvrant le poste de douane de Bokaba à toutes les opérations ressortissant au service des Douanes de la Colonie (*J. O.* 25 août, p. 288).

Circulaire ministérielle du 1er mai 1906. Instruction portant réglementation générale des successions de militaires de tous grades décédés aux Colonies (*B. O.* sept., p. 306).

Circulaire ministérielle du 5 juin 1906, relative aux versements à la caisse des Dépôts et Consignations (*B. O.* septembre, p. 307).

Circulaire ministérielle du 9 juillet 1906, relative aux mesures à prendre en vue de l'application du Décret du 18 janvier 1905, portant réorganisation du personnel des Travaux publics dans les Colonies (*B. O.* septembre, p. 315).

Arrêté du 14 août 1906, promulguant le décret du 23 mai 1906, qui porte fixation des frais de premier établissement et de représentation du Lieutenant-Gouverneur de l'Oubangui-Chari-Tchad (*B. O.* septembre, p. 320).

Arrêté du 16 août 1906, déterminant la réserve de 100.000 hectares autour de Bangui (*B. O.* septembre, p. 320).

Arrêté du 17 août 1906, décidant que les concessions de 0 à 200 hectares dans le gouvernement de l'Oubangui-Chari-Tchad continueront, jusqu'à décision ministérielle à intervenir, à être accordées par le Commissaire général (*B. O.* septembre, p. 325).

Arrêté du 17 août 1906, accordant aux fonctionnaires et agents du Moyen-Congo en service à Bangui les indemnités de résidence attribuées au personnel de l'Oubangui-Chari par l'arrêté du 16 août 1906 (*B. O.* septembre, p. 325).

Arrêté du 30 août 1906, créant une agence spéciale à Impfondo (*B. O.* septembre, p. 330).

Arrêté du 30 août 1906, créant à compter du 1er janvier 1907 un magasin général à Brazzaville (*B. O.* septembre, p. 335).

Arrêté du 30 août 1906, modifiant la décision du 22 mai 1905 et portant de 20.000 à 30.000 francs l'encaisse de l'agence spéciale de Mongoumba (*B. O.* septembre, p. 340).

Arrêté du 4 septembre 1906, ramenant à 15.000 francs le maximum de l'encaisse de l'agence spéciale de N'Djolé et réduisant à 360 francs l'indemnité allouée à l'agent spécial (*B. O.* septembre, p. 342).

Arrêté du 4 septembre 1906, promulguant le décret du 21 juin 1906, qui porte règlement d'administration sur l'administration des troupes coloniales (*B. O.* septembre, p. 343).

Arrêté du 4 septembre 1906, promulguant le décret du 21 juin 1906, qui organise le corps de l'intendance militaire des troupes coloniales (*B. O.* septembre, p. 344).

Arrêté du 4 septembre 1906, promulguant le décret du 21 juin 1906 sur l'organisation du corps de santé des troupes coloniales (médecins, pharmaciens et infirmiers militaires) (*B. O.* septembre, p. 344).

Arrêté du 6 septembre 1906, créant dans les territoires constituant l'ensemble des possessions du Congo français et dépendances un cadre local des Postes et Télégraphes (*B. O.* septembre, p. 345).

Arrêté du 8 septembre 1906, créant une taxe sur les autruches et les ânes en remplacement de l'impôt en nature dans le territoire du Tchad (*B. O.* septembre, p. 349).

Arrêté du 10 septembre 1906, organisant le personnel de la Police dans les possessions du Congo français et dépendances.

Arrêté du 25 septembre 1906, promulguant le décret du 4 août 1906, qui porte fixation du maximum des caisses de réserve du Congo français et dépendances, savoir :

Gabon.	250.000 fr.
Moyen-Congo	350.000 »
Oubangui-Chari-Tchad . .	350.000 »
Budget général. . . .	1.000.000 »

(*B. O.* octobre, p. 401).

Arrêté du 17 septembre 1906, fixant les limites des circonscriptions urbaines (Brazzaville Plateau et Brazzaville Plaine) (*J. O.*, p. 343).

Arrêté du 29 septembre 1906, promulguant la loi d'amnistie du 12 juillet 1906 (*B. O.* octobre, p. 420).

Arrêté du 3 octobre 1906, créant une agence spéciale à Fort-de-Possel dont l'encaisse est fixée à 15.000 fr., avec indemnité de responsabilité à l'agent qui en est chargé (*B. O.* octobre, p. 423).

Arrêté du 13 octobre 1906, promulguant le décret du 13 juillet 1906, qui rend exécutoire l'acte additionnel à la convention télégraphique signée le 7 avril de la même année entre la France et l'Etat Indépendant du Congo (*B. O.* octobre, p. 435).

Arrêté du 16 octobre 1906, portant création du cercle de la M'Poko (avec résidence provisoire du Commandant de cercle à Bangui et rattachement à la région du Moyen-Oubangui) (*B. O.* octobre, p. 440).

Arrêté du 24 septembre 1906, portant suppression et création de divers postes politiques ou de surveillance dans le cercle du Como (*B. O.* novembre, p. 496).

Arrêté du 24 septembre 1906, érigeant le cercle du Fernan-Vaz en région (comprenant les cercles de Fernan-Vaz et de Setté-Cama), classant comme simple poste de surveillance l'ancien poste politique d'Agouma et créant un nouveau poste aux Echiras (*B. O.* novembre, p. 487).

Arrêté du 24 septembre, modifiant celui du 31 juillet 1905, qui définit les régions, cercles et postes des divers territoires constituant l'ensemble des possessions du Congo français et dépendances (*B. O.* novembre, p. 488).

Arrêté du 24 septembre 1906, fixant la répartition des effectifs de la Garde régionale et leur décomposition par grade et par classe dans chacun des postes de la colonie du Gabon (*B. O.* novembre, p. 490).

Arrêté du 24 septembre 1906, portant création du poste de Mocabe (*B. O.* novembre, p. 493).

Arrêté du 24 septembre 1906, portant suppression du poste de N'Toum et création du poste politique d'Akoulinem sur la rivière Noya et transférant à N'Dombo le poste politique de Boutika (*B. O.* novembre, p. 494).

Arrêté du 24 septembre 1906, créant une station agricole à Agonenzork sur le fleuve Como, dans la région des contreforts des Monts de Cristal, sous le nom de Jardin d'essai du Como (*B. O.* novembre, p. 496).

Arrêté du 24 octobre 1906, promulguant le décret du 5 septembre 1906, qui porte déclassement et rattachement au domaine de l'Etat d'une parcelle de la zône maritime du Domaine public du Congo français (*B. O.* novembre, p. 504).

Arrêté du 31 octobre 1906, réglementant les conditions dans lesquelles pourra se faire le paiement des indemnités de route et de séjour à allouer aux fonctionnaires et officiers mis en route pour rejoindre leur poste dans la colonie (*B. O.* novemvembre, p. 505).

Arrêté du 7 novembre 1906, approuvant une décision du Secrétaire général, qui fixe le mode de fonctionnement du Magasin général de Brazzaville et la rendant applicable à l'ensemble des possessions du Congo (*B. O.* novembre, p. 518).

Arrêté du 7 novembre 1906, rendant applicable à tous les services de Brazzaville la décision du Secrétaire général du 10 octobre 1906, créant une comptabilité des dépenses, du matériel et des transports, engagées au titre du Budget général (*B. O.* novembre, p. 521).

Arrêté du 13 novembre 1906, accordant au personnel en congé rétribué sur les budgets des possessions du Congo français la gratuité du voyage du port de débarquement au lieu de résidence et vice-versa (*B. O.* novembre, p. 524).

Arrêté du 13 novembre 1906, abaissant la surtaxe des colis postaux à destination ou en provenance de Brazzaville.

(Cette surtaxe qui était de 10 francs par colis ne dépassant pas 5 kilogs. et de 15 francs pour les colis de 5 à 10 kgs. est abaissée à 2 francs pour les colis de la 1re catégorie et à 4 francs pour ceux de la seconde). (Effet à compter de la date de l'arrivée à Matadi du courrier parti de Bordeaux le 25 janvier 1907) (*B. O.* novembre, p. 526).

Arrêté du 21 novembre 1906, promulguant le décret du 19 octobre 1906, qui porte règlement d'administration publique sur la discipline du corps des inspecteurs des colonies et les honneurs dus à ces fonctionnaires (*B. O.* novembre, p. 527).

Arrêté du 23 novembre 1906, portant création provisoire d'une nouvelle circonscription politique et administrative dans le bassin de la N'Gounié sous le nom de « Territoire militaire de la N'Gounié » (*B. O.* décembre, p. 606).

Arrêté du 26 novembre 1906, rattachant en totalité à l'Oubangui-Chari-Tchad les services installés à Bangui (*B. O.* novembre, p. 527).

Arrêté du 28 novembre 1906, promulguant le décret du 23 octobre, qui soumet explicitement au régime des art. 12 et 15 du décret du 18 janvier 1905 les agents des Affaires Indigènes de l'Afrique occidentale et du Congo et les agents du service topographique de l'Afrique occidentale (*B. O.* décembre, p. 613).

Circulaire ministérielle du 15 octobre 1906, relative au mode d'appréhension des successions de fonctionnaires, officiers et agents civils et militaires décédés hors de la Colonie (*B. O.* décembre, p. 591).

Arrêté du 18 décembre 1906, promulguant le décret du 1er novembre 1906, qui porte approbation du budget des possessions du Congo français et dépendances (*B. O.* décembre, p. 629).

Arrêté du 18 décembre 1906, promulguant le décret du 24 octobre 1906, relatif à l'application des dispositions de la loi du 30 juin 1903 (médaille coloniale).

Arrêté du 18 décembre 1906, promulguant l'arrêté ministériel du 29 octobre 1906, qui porte substitution de la Société des Messageries Fluviales du Congo à la Compagnie de navigation Congo-Oubangui (*B. O.* décembre, p. 630).

Arrêté du 13 novembre 1906, fixant ainsi qu'il suit le prix de la journée à l'hôpital de Libreville :

Journée	d'officier	12 fr.
—	de sous-officier	9 fr.
—	de soldat	6 fr.
—	d'indigène.	3 fr.

(*B. O.* décembre 1906, p. 597).

Arrêté du 21 décembre 1906, promulguant le décret du 1er septembre 1906, qui porte règlement sur les formes et conditions d'autorisation et de détention des machines, appareils et instruments susceptibles d'être utilisés dans la fabrication des monnaies (*B. O.* décembre 1906, p. 633).

Arrêté du 29 décembre 1906, promulguant le décret du 22 janvier 1852, qui porte application aux colonies de la loi du 12 nov. 1808, relative au privilège du Trésor public en matière de contributions directes (*B. O.* janvier 1907, p. 13).

AGRICULTURE

Le service de l'Agriculture a porté ses efforts sur des expériences de plantations destinées à développer notamment l'exploitation des cultures riches telles que le cacaoyer et le caoutchouc.

Jardin d'Essai de Libreville.

Le Jardin d'Essai de Libreville a reçu dans le courant de l'année environ 10.000 graines ou plants ; dont 8.060 graines d'ireh (Funtania élastica), le reste consistant en graines de Ficus de Java, de Landolphia Heudelotii et de Manihot (variété manicoba). Parmi les plants, il y a lieu de citer les Carludovica palmata et les Alochyromènes aspera (plantes textiles), les bananiers textiles et quatre variétés de cocotiers de Ceylan.

Des graines oléagineuses, désignées en pahouin sous les noms de *Okola* et *Adza*, ont été également mises en semis, en vue d'établir l'utilisation de ces produits par l'industrie.

Les pépinières renferment actuellement 9.590 sujets divers, mis en place dans des pots de bambou ou des vases.

Le Jardin d'Essai est en mesure de délivrer aussi aux Colons de nombreuses boutures de vanilliers, de poivriers, de rosiers, etc., ainsi que des graines de caféiers, de cacaoyers et autres arbres fruitiers.

Près de 4.000 graines ou plants de cocotiers et de cacaoyers ont été livrés aux planteurs.

D'autre part, afin de favoriser le développement de la culture du cacaoyer par l'élément indigène, il a été acheté par le Jardin d'Essai 3293 cabosses et 97 k. 200 de graines préparées, pour une somme de 261 fr. 80. Par contre, il a été mis en vente par les soins du Service Local : 100 k. de graines préparées.

Les indigènes ont en outre reçu gratuitement pour la constitution de pépinières et de plantations : 1.152 cabosses représentant environ 35.000 graines, plus 260 plants.

Il serait à souhaiter que les commerçants et les planteurs se décident à imiter l'exemple qui leur a été donné par l'Administration, à titre d'indication, et qu'ils paient, au surplus, en numéraire les produits achetés à l'indigène.

Ce serait là un encouragement dont ils ne tarderaient pas à profiter, car le cacao du Gabon, d'une toute première qualité, fait prime en Europe. Il s'est vendu jusqu'à 2 fr. 60 le kilog sur le marché du Hâvre (avec le bénéfice du demi-droit) et l'indigène s'adonnerait certainement à la culture de ce produit, s'il en retirait des bénéfices immédiats.

L'exportation du cacao a atteint en 1906 le chiffre de 90 tonnes.

Les plantations de cette nature ont été cruellement éprouvées cette année du fait d'une invasion de chenilles (genre Hétérocères). Les dégâts occasionnés sont considérables. Une maladie d'un autre genre et de caractère probablement cryptogamique a sévi en outre à Ningué-Ningué, mais d'une façon moins inquiétante. L'examen au microscope qui pourra être fait des feuilles contaminées, aussitôt que l'installation du laboratoire sera terminée, permettra de déterminer exactement la nature du fléau et de donner aux intéressés les indications utiles pour la combattre.

Jardin d'Essai de Como.

D'une étendue très limitée et établi sur un sol défavorable, le Jardin d'Essai de Libreville semblait insuffisant pour l'étude des cultures à entreprendre dans la Colonie. C'est ainsi que fut décidée la création d'une nouvelle station agricole, dans une région mieux appropriée à la réalisation du programme qu'on s'était tracé.

L'arrêté du 24 septembre 1906 en fixa le siège à Agonenzork, sur le fleuve Como, en remplacement d'un poste politique désaffecté et à 150 kilomètres de Libreville.

Par sa situation géographique, à proximité des Monts Cristal et soumis, en pleine zône forestière, à un climat moins rigoureux que celui de la Côte, le Jardin d'Essai du Como paraissait appelé à rendre les plus grands services à l'Agriculture.

Malgré ces avantages naturels et les travaux qui y ont été exécutés, cette station agricole n'a pas répondu à l'attente du Gouvernement local, à tel point que sa suppression peut, d'ores et déjà, être envisagée comme prochaine.

CONSERVATION DE LA PROPRIÉTÉ FONCIÈRE

§ 1. — Conservation de la propriété foncière.

La conservation de la proprieté foncière a été gérée, pendant l'année 1906, par le receveur de l'Enregistrement titulaire du poste, qui est chargé en même temps du Bureau des Mines ainsi que des Concessions urbaines.

Par contre, des changements successifs se sont produits dans le personnel des géomètres, et le service n'a pu fonctionner, de ce fait, avec toute la continuité désirable. Diverses opérations d'immatriculation ont donc subi quelque retard.

Un certain nombre de requêtes ont été rejetées, les titres produits ayant été jugés insuffisants. Sur les 39 réquisitions d'immatriculation présentées dans le courant de l'année et portant sur un égal nombre d'immeubles d'une superficie totale de 1.271 hectares, 77 ares, 6 centiares, et d'une valeur globale de 516.970 francs, douze titres de propriétés ont pu être établis, représentant une contenance de : 381 hectares, 81 ares, 53 centiares et une valeur de : 393.000 francs.

§ 2. — Bureau des mines.

Pendant l'année 1906, les demandes de permis d'exploration et de recherches ont été particulièrement nombreuses. De nouvelles sociétés se sont formées en vue de se livrer à une prospection approfondie. Le tableau comparatif ci-après fera ressortir le brusque développement acquis par ce service depuis deux ans.

En 1906, il a été demandé six permis d'exploration, dont quatre ont été accordés, et 140 de recherches portant sur une snperficie de 404.571 hectares, 83 ares, donnant ouverture à la perception d'une somme globale de 49.697 fr. 99.

ANNÉES	PERCEPTIONS SUR LES permis d'exploration	PERCEPTIONS SUR LES permis de recherches
	fr c.	fr. c.
1902	6.957 70	»
1903	800 »	»
1904	1.175 »	4.897 25
1905	1.505 »	13.057 2
1906	6.270 »	35.156 30

§ 3. — Concessions urbaines.

En raison du développement constant de l'industrie et du commerce locaux, ce service a pris, depuis 1905, date à laquelle il a été rattaché à la conservation de la propriété foncière, une extension assez considérable.

De nombreuses factoreries se sont installées dans les deux quartiers de la ville et notamment dans celui de « la Plaine », qui reste le centre le plus important de l'activité commerciale, à cause de sa proximité du fleuve.

En opérant des bornages de lots particuliers, les géomètres ont été appelés à reconnaître et modifier divers empiètements sur les voies publiques. Un lotissement normal a été fait, qui a permis de régulariser cette situation, soit que des portions de terrains fussent indûment occupées, soit que, sur d'autres parties, la propriété fût incomplètement déterminée.

Dix-huit aliénations totales ou partielles ont eu lieu, amenant le versement au Trésor d'une somme de 66.229 fr. 20. — Plusieurs indigènes solvables ou ayant des situations leur permettant de payer un loyer assez élevé ou de construire, sont devenus locataires sur la partie Nord de la ville, comprise entre la rue Ballay et le ravin.

Trente-cinq locations ainsi consenties, rapportent annuellement une somme globale de 2.065 fr. 04, soit le revenu, à 5 0/0, d'un capital de 41.200 fr. 80, antérieurement inutilisé. Un cadastre régulier des divers quartiers de la ville, commencé en 1905, s'est poursuivi en 1906.

Il a été remarqué, d'autre part, que le mode d'aliénation par la voie des enchères publiques, auquel on a recours toutes les fois qu'il y a compétition, présente l'avantage d'être plus rémunérateur pour la Colonie, tout en donnant satisfaction aux intéressés.

C'est ainsi, par exemple, qu'un lot de 500 mètres carrés, situé à la Plaine, s'est vendu 4 500 francs, soit 9 francs le mètre carré, la mise à prix étant de 3 francs, taux fixé par l'arrêté du 5 mars 1905, pour les terrains urbains ne se trouvant pas en bordure du fleuve.

SOCIÉTÉS CONCESSIONNAIRES

A la fin de 1905, la situation financière des Sociétés concessionnaires, un moment ébranlée par les pertes subies au début de leur établissement, était assez florissante pour leur permettre d'entreprendre, dans de meilleures conditions, la mise en valeur des territoires concédés.

Le décret du 11 février 1906, portant réorganisation des possessions du Congo français et dépendances, prévoyait, en son article 13, la création d'un service de contrôle local des concessions. Ce service fut organisé par arrêté du 20 mai 1906 et placé sous la direction du Commissaire spécial du Gouvernement près les sociétés concessionnaires, constitué par décret du 5 juillet 1902. Il a fonctionné dès les premiers jours de juillet 1906. Six inspecteurs furent envoyés en mission au Gabon, au Moyen-Congo, dans l'Oubangui-Chari et, à la fin de l'année, onze sociétés concessionnaires étaient visitées ou en cours d'inspection.

En dehors des mauvais traitements infligés aux indigènes dans quelques régions concédées et dont les auteurs ont été déférés aux tribunaux, l'inspection a relevé avec quelle insouciance de l'avenir certaines sociétés avaient entrepris l'exploitation de leurs territoires. Les clauses du cahier des charges, relatives notamment à la constitution de plantations d'arbres à caoutchouc, aux charges de navigation et à l'amélioration des voies de communication, n'avaient été que trop souvent perdues de vue.

Il y a lieu d'espérer qu'il aura suffi d'attirer sur ces divers points l'attention des sociétés pour éviter la continuation d'errements, qui, s'ils se renouvelaient, ne manqueraient pas d'entraîner des sanctions sévères. D'ailleurs il est juste de signaler que des dispositions ont été prises par un grand nombre d'entre elles pour y mettre fin. Le personnel mieux rétribué présente des garanties plus sérieuses ; d'autre part de nombreux comptoirs se sont ouverts ; des pépinières de plantes à latex ont été constituées et le service des plantations a été confié dans certaines sociétés à des agents techniques. Enfin, une activité nouvelle règne actuellement dans toutes les compagnies, qui commencent à mettre en œuvre un programme d'exploitation, où se devine l'intention de se conformer aux clauses de leurs contrats. Mais il ne faut pas se dissimuler que la tâche qui reste encore à accomplir est considérable. Après avoir conféré à ces Sociétés les avantages qui découlent d'un privilège d'exploitation sur d'immenses territoires, l'administration a le droit de compter sur leur collaboration la plus étroite, notamment pour la solution de questions qui la préoccupent à l'heure actuelle au plus haut degré : la main-d'œuvre et la diffusion du numéraire.

Contrats de travail

L'indigène, dont les besoins augmentent de plus en plus, commence à louer ses services et à s'adonner au travail pour les satisfaire. L'administration locale s'est donc préoccupée de sauvegarder les intérêts réciproques de l'employeur et de l'employé en réglementant les conditions du contrat d'engagement. C'est dans ce but que fut préparé le décret du **11** mai **1903**.

Les conditions d'application de ce texte et les résultats obtenus ont été étudiés par les Inspecteurs du contrôle dans les diverses régions parcourues et leurs constatations permettent d'affirmer que le recrutement de la main d'œuvre eût sûrement été facilité si les sociétés s'étaient conformées plus strictement aux clauses du décret susvisé et l'avaient appliqué dans l'esprit libéral qui a présidé à sa rédaction.

Il n'existe pas de difficultés proprement dites en ce qui concerne la passation des engagements. On a relevé, néanmoins, sur quelques points, des manœuvres dolosives pour obliger l'indigène à souscrire aux conditions du contrat. C'est ainsi que dans quelques sociétés du Gabon, le travailleur est pris à l'essai un certain temps, le salaire qui lui est dû ne lui est payé que s'il consent aux conditions de l'engagement imposé par l'employeur. Ce sont là heureusement des exceptions.

Les livrets de travail prévus à l'art. 4 sont en général tenus et, si quelques irrégularités sont commises, elles doivent être imputées à la négligence plutôt qu'à l'inobservation voulue des règlements. Il n'y a là en effet que de simples formalités au sujet desquelles le concessionnaire évite d'entrer en conflit avec l'Administration.

Mais on peut noter que les Sociétés n'observent pas rigoureusement celles des règles qui constituent une gêne pour leur exploitation.

Il en est ainsi pour les conditions d'âge et d'aptitude physique des travailleurs. Ce sont là des infractions présentant de graves inconvénients surtout en ce qui concerne le portage, lequel nécessite une aptitude physique toute particulière des indigènes qui y sont employés.

L'esprit de cupidité maladroit de certains se manifeste encore au sujet du paiement des salaires et de la ration.

Beaucoup s'obstinent à payer les salaires des indigènes en marchandises dont la valeur est majorée à dessein. Ils réalisent sans doute un profit immédiat, mais il faut voir qu'une telle pratique a pour effet de décourager l'indigène et de faire perdre en définitive au concessionnaire une main-d'œuvre précieuse. Elle porte aussi préjudice aux intérêts généraux et c'est pour cette dernière raison qu'il deviendra indispensable d'obtenir le paiement de tous leurs travailleurs en argent.

On a signalé d'assez graves difficultés pour le paiement de la ration. L'art. 14 du décret est rarement observé. Il est toujours possible au concessionnaire de se procurer d'une façon constante les quantités de produits alimentaires qu'il doit remettre à ses engagés, mais il préfère souvent leur remettre la ration en marchandises par avance pour une période de 8 jours à un mois, et l'indigène naturellement imprévovant dilapide ces marchandises et se trouve rapidement dans l'impossibilité de se procurer les denrées indispensables à sa subsistance.

Les avances de salaires trop fréquentes produisent des inconvénients analogues. Elles encouragent l'indigène au gaspillage, le détournent de l'épargne, le mettent ordinairement sous la dépendance de l'employeur.

Si au point de vue du logement et des soins médicaux les indigènes sont généralement bien traités, par contre, le repos hebdomadaire prévu par l'art. 16 ne leur est pas souvent accordé.

Quant aux privations de salaires, retenues, amendes, elles sont nombreuses et rarement motivées. Certains inspecteurs ont signalé que des retenues avaient été indûment opérées pour cause de maladie de l'engagé.

Les abus résultant de l'inobservation du règlement sur les contrats de travail sont plus fréquents lorsque le travailleur a été recruté loin du lieu où il accomplit son contrat. L'employeur, dans ce cas, sachant que l'indigène ne peut rompre inopinément son engagement et s'enfuir sans tomber au milieu de tribus hostiles, abuse largement de cette situation à son profit. Il arrive parfois même que l'engagiste impose au travailleur un séjour sur les chantiers supérieur à la durée stipulée au contrat sans observer aucun des règlements prévus.

De cet aperçu il résulte que le décret du 11 mai 1903 n'a pas donné pratiquement les résultats désirés, l'administration étant souvent impuissante à en assurer l'exécution. Les modifications apportées aux contrats de travail par le décret du 28 mai 1907 remédieront aux imprécisions de l'ancienne réglementation, et assureront enfin, suivant le but proposé, une protection vraiment efficace aux engagistes et aux engagés.

Diffusion du numéraire.

Une des réformes les plus activement poursuivies au Congo dans ces dernières années, a été la disparition du troc comme système d'échange entre indigènes et Européens et la substitution de la monnaie aux objets si divers servant encore aux indigènes pour leurs achats.

On peut affirmer que c'est l'installation des Compagnies concessionnaires qui a donné à cette question toute son importance par suite des besoins d'une vie économique toujours plus active auxquels l'ancien *modus vivendi* ne pouvait plus donner satisfaction.

Examinons donc rapidement, vis-à-vis des sociétés concessionnaires les avantages de la diffusion du numéraire.

Certains objectent que les populations les plus sauvages de notre Congo ne sauraient que faire de pièces de monnaie et que par contre l'acquisition de marchandises leur permet mieux de satisfaire immédiatement leurs besoins. C'est là une raison qui a pu avoir sa valeur à une période donnée, lorsque les échanges étaient limités aux seuls indigènes. Elle en a moins maintenant que les sociétés mettent à leur disposition des marchandises nombreuses qu'ils peuvent avec du numéraire acquérir, au moment précis où ils en ont besoin, suivant leur goût et dans la mesure où ils peuvent l'utiliser.

L'indigène s'est aperçu vite que ce système est en outre beaucoup plus juste, puisqu'il connaît ainsi la valeur exacte de la monnaie qu'il reçoit comme rémunération de son travail, tandis qu'il ignore celle de la marchandise dont le prix est le plus souvent déterminé arbitrairement pour lui.

Les conséquences de ce nouvel état de choses seront des plus heureuses pour le concessionnaire. L'indigène sachant en effet qu'il peut, grâce au numéraire, se procurer tous les objets utiles ou agréables mis au préalable à sa disposition, cherche à acquérir ce numéraire dont l'attirance pour lui, comme pour tous les hommes, devient invincible. Et pour se le procurer il travaille, se livre à un labeur soutenu devenu pour lui une nécessité dès que les satisfactions qu'il s'est procurées avec son argent auront pris le caractère de besoins périodiques.

Ce qui explique que, malgré de tels avantages, les sociétés concessionnaires aient fait aux paiements en numéraire une sourde opposition, c'est le profit réalisé par elles sur la valeur majorée des marchandises données en paiement aux indigènes.

Il est vrai de dire que, même en payant ceux-ci en numéraire, la Compagnie concessionnaire, se fiant sur le défaut de concurrence, cherchera à fixer aux marchandises vendues dans la suite la même valeur fictive que dans l'opération du troc ou même une valeur supérieure encore afin de déprécier l'argent. Il paraît probable toutefois que l'indigène qui possède du numéraire aura, s'il s'aperçoit qu'il a été lésé, la faculté d'aller porter son argent ailleurs. Et il s'en aperçoit fatalement, si bien que son ardeur au travail s'en trouve diminuée et que ne voulant plus travailler pour le concessionnaire, celui-ci se trouve, en définitive, privé du principal élément de sa prospérité.

C'est donc une dangereuse conception que de tabler sur l'ignorance ou l'indifférence de l'indigène pour lui imposer des prix anormaux comme rémunération de son travail et c'est sacrifier à un profit momentané les intérêts primordiaux de la colonisation et des colons.

L'Administration a trouvé heureusement dans l'impôt un instrument efficace pour hâter la diffusion du numéraire. En exigeant que les contributions fussent payées en numéraire et en donnant à l'argent un pouvoir libératoire, elle incitait de cette façon l'indigène à en exiger des Sociétés concessionnaires lors des règlements de comptes. Et on pouvait espérer établir ainsi une circulation monétaire au moins égale à la quotité de l'impôt. On aperçoit facilement les avantages d'un tel système.

Obligé de travailler pour payer l'impôt l'indigène ne limitera plus son effort à l'acquit de sa dette. Le maniement du numéraire lui fait apercevoir, au-delà, un profit quelconque qu'il s'efforce d'atteindre.

Il est à désirer, qu'à l'avenir, les sociétés concessionnaires comprennent mieux que leurs véritables intérêts est de poursuivre avec l'administration la réalisation complète d'une réforme à laquelle est lié le développement de la main-d'œuvre, développement dont elles sont appelées à profiter dans une très large mesure.

Développement du commerce des Sociétés concessionnaires par rapport au commerce général des possessions du Congo français.

Le mouvement général du commerce du Congo accuse en 1906 une plus-value de **5.242.375** francs par rapport à l'année précédente, et la simple comparaison des chiffres ci-dessous permet d'affirmer qu'au cours de l'année 1907 la valeur totale des importations et exportations atteindra 35 millions.

Tableau général de la valeur des importations et des exportations de 1904 à 1906.

ANNÉES	IMPORTATIONS	EXPORTATIONS	TOTAUX
	francs	francs	francs
1904	9.058.140	12.135.463	**21.193.603**
1905	10.379.146	13.932.745	**24 311.891**
1906	13.093.640	16.460.826	**29.554.466**

1° *Exportations.* — **De 1905** à **1906** le commerce d'exportation pour la France s'est accru de **1.159.050** francs passant ainsi de 4.497.571 francs à 5.656.621 francs, alors que de 1904 à 1905 l'augmentation n'avait été que de 563.509 francs.

Par contre la plus-value de 2.133.166 constatée pour les exportations à l'étranger de 1904 à 1905 n'est plus que de 837.890 francs pour 1906 par rapport à 1905.

Il est bon de signaler par ailleurs la progression notable accusée par l'exportation en France du caoutchouc, principale richesse du pays. Elle est passée de 480.810 kilogs en 1905 à 539.692 kilogs en 1906, soit une augmentation de 58.882 kilogs ; la quantité du même produit envoyée sur les marchés étrangers, notamment en Belgique atteint 1.238.501 kilogs en 1906, contre 1.048.159 en 1905. L'accroissement proportionnel est donc en faveur de notre commerce avec la métropole.

2° *Importations.* — On constate également une augmentation à l'importation pour les marchandises d'origine française, résultat d'autant plus satisfaisant qu'une baisse notable s'était fait sentir à ce sujet au cours de 1905. La valeur de ces marchandises importées est donnée par le tableau ci-dessous pour les trois dernières années :

1904	1905	1906
5.718.098 fr.	4.827.589 fr.	5.507.624 fr.

Différence en moins pour 1905 : 890.509 fr.

Différence en plus pour 1906 : 680.035 fr.

En ce qui concerne la valeur des marchandises de provenance étrangère, nous trouvons pour 1906 une augmentation sur 1905 bien qu'elle soit inférieure toutefois à celle relevée en 1905 par rapport à 1904 :

1904	1905	1906
3.264.785 fr.	5.551.557 fr.	7.175.984 fr.

Différence en plus pour 1905 : 2.286.772 fr.

Différence en plus pour 1906 : 1.624.427 fr.

Quelle est la part prise par les sociétés concessionnaires dans le développement du commerce général du Congo ?

Les statistiques douanières nous donnent à cet égard les chiffres suivants :

ANNÉES	VALEUR des importations	VALEUR des exportations	TOTAL
	francs	francs	francs
1905	4.580 998	11.479.839	16.060 837
1906	6.719.559	15.794.201	22.513.760

Les exportations se décomposent ainsi qu'il suit :

NATURE DES PRODUITS	PRIX D'ÉVALUATION à la sortie	QUANTITÉS EXPORTÉES 1905	QUANTITÉS EXPORTÉES 1906	VALEUR DES PRODUITS EXPORTÉS 1905	VALEUR DES PRODUITS EXPORTÉS 1906
				francs	francs
Caoutchouc . . .	4 fr. le kilogr.	1.429.947 kg.	1.779.421 kg.	5.719.788	7.117.684
Ivoire	20 —	188.259 —	172.004 —	3.765.180	3.440.080
Bois	150 fr. la t. moy.	12.254 t.	32.680 t.	1.838.100	4.921.500
Cacao	1 fr. 50 le kg.	11.203 kg.	29.863 kg.	16.805	44.795
Noix palmistes . .	0 fr. 25 —	127.425 —	221.706 —	31.856	55.427
Huile de palme . .	0 fr. 45 —	17.800 —	32.680 —	8.110	14.715
Produits divers (plumes, peaux, bois de teinture, café, etc. .	»	»	»	100.000	200.000
Valeur des exportations en 1905 et 1906				11.479.839	15.794.201

La valeur des produits envoyés en 1906 sur nos marchés métropolitains se monte à 7.295.000 francs contre 8.499.201 fr. expédiés à l'étranger, principalement sur les marchés de Liverpool et d'Anvers.

La proportion des marchandises d'importation étrangère par rapport aux marchandises d'origine française est beaucoup plus forte :

Sur 6.719.559 francs d'importation les marchandises manufacturées à l'étranger entrent pour plus de 4 millions ; tissus, coutellerie, quincaillerie ; toutes marchandises de qualité très inférieure qui, faute de concurrence, sont imposées aux consommateurs. Le jour où les sociétés, et tous les commerçants d'ailleurs, consentiraient à importer les marchandises de bonne qualité qu'on leur réclame, notre industrie pourra lutter avantageusement avec l'étranger mieux outillé pour la fabrication des marchandises dites de traite.

La comparaison des statistiques du commerce général des possessions du Congo et du commerce des sociétés concessionnaires montre l'importance des importations pour la petite colonisation et la presque exclusivité des sociétés en matière d'exportation en raison du privilège qui leur a été concédé.

La comparaison de l'importation et de l'exportation des sociétés fait ressortir la différence considérable existant entre la valeur des marchandises importées par rapport à celle des produits exportés.

Pour obtenir la valeur des marchandises affectées au paiement de l'indigène récolteur, il faut déduire du chiffre des importations le montant des marchandises et des vivres destinées aux Européens, du matériel de construction, de navigation, etc., que ne doit pas compenser le montant du numéraire mis en circulation.

D'autre part, la valeur des exportations calculée d'après les mercuriales servant de base à la perception des droits de douane doit être augmentée de la différence entre cette évaluation et le montant de la réalisation des produits sur les marchés d'Europe.

La simple comparaison des chiffres ainsi obtenus donnera une idée approchée des bénéfices qui peuvent être réalisés, même en tenant compte ,de façon très large, des frais qui grèvent les produits.

Les résultats obtenus rendent donc plus condamnables les procédés auxquels ont recours certains agents vis-à-vis des indigènes pour l'exploitation des territoires concédés et l'Administration ne saurait intervenir trop énergiquement pour y mettre un terme. Là encore elle est en droit de compter sur le concours le plus étroit des sociétés concessionnaires à l'œuvre de civilisation et de progrès à laquelle il serait si naturel qu'elles participassent.

SERVICE DE SANTÉ

Aux trois colonies formant l'ensemble des possessions du Congo français et dépendances correspondent trois services de santé absolument indépendants les uns des autres.

1° *Gabon.* — Le Gabon possède à Libreville un hôpital très confortablement installé. Cette formation sanitaire, purement locale, est régie par les arrêtés en vigueur dans la Colonie. Elle compte 28 lits européens et un nombre plus considérable de lits indigènes. Le chef du service de santé y remplit les fonctions de médecin-chef et a, sous ses ordres, un médecin aide-major en même temps pharmacien comptable et prévôt; un personnel subalterne, en nombre suffisant, agent-comptable, infirmiers européens et indigènes, permet de faire fonctionner cette formation sanitaire dans d'excellentes conditions.

En dehors de l'hôpital de Libreville, il existe deux postes médicaux dans la colonie du Gabon : Loango et N'Djolé. Enfin, un médecin aide-major est placé dans le territoire militaire de la Haute-N'Gounié et complète le personnel médical de la Colonie.

2° *Moyen-Congo.* — Un arrêté, en date du 5 juillet 1906, crée à Brazzaville un hôpital européen et un hôpital indigène. Ces hôpitaux sont des établissements locaux et sont régis d'après les principes généraux adoptés dans les hôpitaux coloniaux.

Provisoirement, l'alimentation des malades européens n'est pas assurée par l'hôpital de Brazzaville. Cette formation sanitaire, encore bien imparfaite au point de vue de l'installation et du matériel, nous rend déjà de précieux services. Le service y est assuré, comme à l'hôpital de Libreville, par le chef du service de santé, un médecin en sous-ordre, un pharmacien aide-major et un personnel subalterne d'infirmiers européens et indigènes.

Les autres postes médicaux prévus au budget du Moyen-

Congo sont : Nola (Haute-Sangha), Madingou, entre Loango et Brazzaville, Loukoléla dans le Bas-Oubangui-Congo. Le poste médical de Nola a été occupé pendant toute l'année par un médecin aide-major, celui de Madingou seulement pendant les derniers mois de 1906.

Le médecin-major du bataillon du Gabon-Moyen-Congo est en service dans la région de la Lobaye.

3° *Oubangui-Chari-Tchad.* — Il n'existe pas de formation sanitaire proprement dite dans la colonie de l'Oubangui-Chari-Tchad. A Bangui et à Fort-Lamy, on a mis à la disposition du service de santé des pavillons où les médecins de ces localités peuvent recevoir des malades européens et indigènes.

Quatre postes médicaux sont prévus pour l'Oubangui-Chari-Tchad : Bangui, Bangassou, dans le territoire civil de l'Oubangui-Chari ; Fort-Lamy et Bokoro, dans le territoire militaire du Tchad.

Climatologie.

Libreville et Brazzaville possèdent deux stations météorologiques. Quelques observations de température et de pression barométrique ont été prises à Fort-Lamy.

La station de Brazzaville a été tenue en 1906 par M. le pharmacien aide-major Morel.

Le tableau suivant donne un résumé de ces observations.

Station de Brazzaville. Latitude 4°17′9″ Sud. Longitude de Paris 12°56′9″ Est. Altitude 320 mètres.

ANNÉE 1906	PRESSION barométrique moyenne		TEMPÉRATURE							HUMIDITÉ RELATIVE			NÉBULOSITÉ moyenne		PLUIE	
	à 8 h.	à 16 h.	moyenne à 8 h.	moyenne à 16 h.	Minima	Maxima	minima absolu	Dates	maxima absolu	Dates	8 h.	16 h.			Hauteur en m/m	jours de pluie
Janvier	»	»	»	»	»	»	»	»	»	»	»	»	»	»	»	»
Février	736,57	732,69	24,01	29,52	20,65	31,93	19 »	1er	35,1	7	87,5	66,9	8,7	5,5	82,1	10
Mars.	735,43	732,37	25,09	29,32	21,6	32,42	19,8	6	35,3	12 et 18	86 »	67,2	8,4	5,4	73,9	12
Avril.	735,03	730,92	24,39	29,81	21,1	33,31	19,7	4 et 25	37,2	9	87,6	67,6	8,1	5,8	320,6	13
Mai	735,06	732,7	23,69	27,83	20,91	30,37	17,8	27	34,5	3	89,5	68,9	9 »	5 »	120,7	10
Juin	736,82	733,63	21,16	26, »	17,86	28,17	14,1	23	31 8	20 et 21	88,4	67,3	8,1	3.7	»	»
Juillet	737,83	734,32	19,43	24,33	16,34	26,43	13,9	3	31,4	22	88 5	64,8	9,3	4,8	»	»
Août.	737,47	733,51	20,23	26,63	17,22	28,17	14 »	5	33,2	15	81,8	60,2	7,6	3,4	4,6	1
Septembre . . .	736,5	732,6	22,87	28,7	18,78	30,54	16,3	20	34,8	16	78,3	52,6	7,9	4,2	0,7	2
Octobre	735,69	731,85	24,06	28,98	20,19	31,26	17,8	17	36,1	7	80,8	57,8	8,1	5,5	120.2	9
Novembre . . .	735,26	730,75	23,82	28,38	20,42	30,71	19 »	18	34,7	10	88 »	64,7	8,4	5,2	382,1	18
Décembre . . .	734,41	731,6	24,01	28,07	20,58	30,7	18 »	29	35 »	20	87,6	70,6	8,7	5,5	178,9	9
	736,06	732,44	22,97	27,96	19,60	30,38	13,9	3 juill.	37,2	9 avril	85,8	64,4	8,3	4,9	1.283,8	84

Pathologie.

Le paludisme est la caractéristique dominante de la morbidité européenne dans les possessions du Congo français et dépendances. Il sévit dans tous les coins de la colonie. Le Kanem, pays désertique, paraît seul en être indemne. L'accès franc est assez rare et on observe surtout la forme bilieuse avec vomissements et coloration utérique des tissus.

Le paludisme au Congo ne présente pas habituellement de caractère de gravité. La bilieuse hémoglobinurique est relativement rare, si on peut faire la comparaison avec les autres colonies de la côte occidentale ; Dahomey, côte d'Ivoire, etc. : la quinine, est d'ailleurs largement distribuée et depuis quelque temps, l'emploi de la quinine préventive fait des adeptes de plus en plus nombreux. Dans les grands centres, la lutte contre l'hématozoaire de Laveran commence à s'engager : toile métallique aux ouvertures des maisons, canalisation des eaux stagnantes, etc., c'est un début, bientôt, on fera davantage et mieux.

Les affections intestinales sont assez fréquentes. La dysenterie est presque inconnue, mais on a souvent l'occasion de soigner entérites et entéro-colites, dues à une alimentation défectueuse ; les vivres frais sont rares, et par cela même le régime des conserves est encore fort en honneur au Congo.

Comme dans tous les pays chauds, le foie subit des atteintes plus ou moins graves. On note fréquemment de la congestion, mais l'hépatite suppurée s'observe rarement.

Une maladie à l'ordre du jour, la trypanosomiase, décime cruellement le Congo. Les Européens en sont fréquemment atteints et parmi les indigènes elle cause de très grands ravages, faisant disparaître parfois des villages entiers. La colonie paraît entièrement contaminée ; mais la trypanosomiase sévit avec une intensité particulière dans la région de Loango, dans le Moyen-Congo, dans le territoire de l'Oubangui-Chari. On n'a signalé jusqu'à présent que des cas sporadiques dans le territoire du Tchad. Des mesures énergiques devront être prises ; malheureusement, nous ne disposons encore que de moyens peu efficaces au point de vue prophylactique ; on ne saurait songer à détruire le principal instrument de propagation, la mouche tsétsé, et l'on en est réduit à l'atoxil, en injections hypodermiques. Ce produit faisant disparaître le trypanosome du sang circulant, rend le malade inoffensif pour son voisinage : sous peu, tous les postes médicaux du Congo en seront abondamment pourvus.

Diverses missions d'études pour la maladie du sommeil, française, allemande, anglaise, ont sillonné et sillonnent l'Afrique, et il est permis d'espérer qu'elles nous donneront bientôt le moyen de nous débarrasser du fléau qui menace de fermer de nouveau une grande partie du continent noir à la pénétration européenne.

On signale toujours quelques foyers de variole dans la colonie. Dans la Haute-Sangha, dans le territoire du Tchad, etc., cette affection causait de grands ravages. De nombreuses vaccinations ont été pratiquées et deux médecins ont été spécialement affectés au service de la vaccine. MM. les médecins aide-major Heckenroth et Ouzilleau ont inoculé avec succès des génisses à Koundé, Carnot, Nola, et le vaccin ainsi obtenu, leur a permis d'enrayer une maladie de variole qui décimait la Haute-Sangha depuis plusieurs années. M. le médecin aide-major Carmouze, a réussi à transporter du vaccin virulant dans le territoire du Tchad et le centre vaccinogène de Fort-Lamy, créé par l'arrêté du 28 février 1905, a pu enfin être installé.

Le vaccin de France nous donne des résultats suffisants à la côte et dans la région de Brazzaville ; dès que l'état du troupeau le permettra, un centre vaccinogène sera pourtant créé à Brazzaville.

L'état sanitaire du Congo est en général satisfaisant et la colonie ne mérite pas la réputation d'insalubrité qu'on se plaît à lui reconnaître. Le Congo possède un organisme médical encore bien imparfait, mais qui se perfectionnera. L'assistance médicale indigène s'organise, lentement, il est vrai, mais avec nos peuplades primitives, le contact est long à s'établir et elles resteront encore de nombreuses années sous la terreur de leurs sinistres féticheurs.

Des comités d'hygiène fonctionnent régulièrement dans les grands centres des trois colonies.

Un service municipal d'hygiène est en voie de création. Ce service sera officiellement installé, dès que la loi du 15 février 1902 aura été rendue applicable dans les possessions du Congo français et dépendances.

POSTES ET TÉLÉGRAPHES

Transport, par la Poste, des lettres et imprimés. Taxe des correspondances. — L'arrêté local du 19 avril 1906 a promulgué dans les possessions du Congo français et dépendances la loi du 6 mars 1906, concernant le transport par la poste des lettres et imprimés non périodiques, loi dont les dispositions ont été rendues applicables, par arrêté du 26 du même mois, à compter du 1er mai suivant. D'autre part, un arrêté en date du 21 juin a promulgué le décret du 23 avril 1906, fixant la taxe des correspondances dans les relations internationales.

L'abaissement de la taxe d'affranchissement résultant de la mise en vigueur des textes susvisés n'a pas eu la répercussion que l'on pouvait craindre sur les recettes de l'espèce dans les différentes colonies du groupe, encore qu'une légère diminution y ait été signalée dès les débuts.

Chargements. — Pour répondre aux désiderata du public, l'arrêté du 25 juin 1904 a donné pouvoir aux lieutenants gouverneurs de l'Oubangui-Chari-Tchad et du Moyen-Congo, de délivrer les autorisations d'acheminement, comme objets ordinaires, des objets recommandés parvenant à l'adresse de personnes qui en ont fait la demande dans les termes fixés par l'arrêté du 25 juin 1904.

L'arrêté du 28 août 1906 a, en outre, autorisé la réexpédition comme objets recommandés, aux risques et périls des destinataires qui en font la demande, des chargements de valeur déclarée « boîtes », adressés aux bureaux de *Libreville*, *Cap Lopez*, *Setté-Cama*, *Mayumba*, *Loango*.

Créations de bureaux. — Divers bureaux de postes et télégraphes ont été ouverts dans le Moyen-Congo et l'Oubangui-Chari-Tchad, et dont la gérance a été confiée à des agents de l'administration.

Ce sont :

Madingou	Pour compter du 1er janvier 1906 (arrêté du 14 décembre 1905).
Lirranga *Balloïs* *Impfondo*	Pour compter du 1er avril 1906 (arrêté du 16 mars 1906).
Port de Possel	Arrêté du 28 avril 1906.

Enfin, un bureau auxiliaire a été ouvert dans le quartier de Brazzaville, dit « la plaine ». — La création de cette deuxième recette était devenue nécessaire, par suite de l'importance commerciale acquise par cette partie de la ville ainsi que de la distance qui la sépare du bureau principal.

Courriers postaux. — Depuis le mois de mars 1906, la durée de la traversée effectuée par les paquebots postaux des Chargeurs Réunis a été réduite à 21 jours entre Bordeaux et Matadi et vice-versa. — Un service annexe par petit vapeur a été établi par la même compagnie entre Cap-Lopez et Matadi.

Par suite de cette notable amélioration, les courriers acheminés par la voie de Bordeaux sont devenus plus importants et l'on peut dire qu'ils apportent, à l'heure actuelle, la majeure partie des correspondances de la Métropole à destination du Moyen-Congo et du Haut-Pays.

Le transport des dépêches postales pour Bangui et l'intérieur se fait toujours en des conditions de lenteur inévitables, tant qu'un marché ferme n'interviendra, imposant des itinéraires réguliers.

Toutefois, la période quinquennale prévue aux cahiers des charges des Sociétés concessionnaires pour la révision des tarifs de transports touche au terme de son expiration, et un projet de contrat, préparé par le Gouvernement local et déjà approuvé par le département, interviendra à bref délai pour assurer, dans les meilleures conditions possibles de régularité, de rapidité et de confortable, les transports sur le Congo et ses affluents.

Colis postaux. — Par suite de la réduction des tarifs de transport consentie par la Compagnie des Chemins de fer de l'Etat indépendant, la surtaxe de 10 et 15 francs qui grevait les colis postaux de 5 et 10 kilos, a pu être ramenée à 4 francs et 2 francs (arrêté du 13 novembre 1906).

D'autre part, l'arrêté du 28 septembre 1906 a modifié ainsi

qu'il suit celui du 11 octobre 1904, concernant les colis postaux parvenant par la voie de Anvers et remis au bureau de Brazzaville par les soins du Percepteur des impôts de Kinshassa.

« Les colis postaux non distribués dans les six semaines de leur reception seront déclarés en souffrance et avis de cette déclaration sera donné, à toutes fins utiles, par le service intéressé à l'office expéditeur de Boma.

« Ceux de ces colis qui n'auront pas été livrés aux destinataires ou à leurs mandataires réguliers dans le délai maximum de six mois, seront retournés d'office à Kiushassa ».

Cette mesure s'imposait, afin de diminuer autant que possible les chances de souffrance des colis, en augmentant les délais de livraison, précédemment fixés à six semaines.

Il y a tout lieu de supposer qu'il résultera de cet ensemble d'amélioration un accroissement appréciable dans les échanges entre la Colonie et la Métropole.

Personnel. — Un cadre local des Postes et Télégraphes, destiné à se substituer progressivement à celui formé par les agents provenant de l'Administration métropolitaine, a été créé dans les possessions du Congo français et dépendances (arrêté du 6 septembre 1906).

Télégraphes. — Le décret du 13 juillet 1905, rendant exécutoire l'acte additionnel à la Convention télégraphique conclue le 23 juin 1903, entre la France et l'Etat indépendant du Congo, a été promulgué dans les possessions du Congo français par arrêté du 13 octobre 1906.

Après entente avec l'Administration voisine, les dispositions de ladite convention ont été mises en vigueur à dater du 1er novembre.

Un nouveau texte local interviendra incessamment pour fixer les taxes à appliquer aux télégrammes originaires ou à destination des trois bureaux de la colonie du Moyen-Congo reliés au réseau principal par l'intermédiaire d'un secteur de la ligne belge.

Lignes télégraphiques. — Les communications télégraphiques ne se sont guère améliorées pendant l'année 1906, notamment durant la saison des pluies. Si, d'un côté quelques négligences se sont produites dans la surveillance, du fait des auxiliaires indigènes, sur certaines sections de la côte, il convient de remarquer, toutefois, que les difficultés rencontrées sont inhérentes à la nature même du pays et rendront toujours très précaires les relations électriques sur le réseau compris entre Libreville et Cap-Lopez. Quoi que l'on fasse dans le but d'assurer l'entretien, la praticabilité des lignes, il reste amplement démontré que l'on n'obtiendra une communication normale que le jour où un câble sous-marin reliera Libreville à Loango. Alors seulement, on pourra songer à procéder à une réfection sérieuse du secteur Loango-Brazzaville.

Mission télégraphique. — La mission télégraphique chargée depuis 1904 de l'établissement de la ligne projetée entre Brazzaville et Bangui et confiée à partir de septembre 1906 à un lieutenant d'infanterie coloniale, actif et compétent, a terminé, dans le courant de l'année, la construction de la section Zinga-Bangui. La réfection du secteur Impfondo-Balloïs-Lirranga a été également entreprise, de sorte que les résultats acquis au 1er janvier 1907 sont les suivants :

1° Ligne exploitable (entre Zinga et Bangui) . . .	87 k.
2° Ligne construite (mais qui ne sera exploitable qu'après une révision à effectuer entre Impfondo et Lirranga)	300 k.
3° Ligne construite et qui se trouve dans les mêmes conditions que la précédente, entre Brazzaville et le premier poste à bois	40 k.
Total . . .	427 k.

Téléphones. — La ligne téléphonique entre Brazzaville et Kinshassa a été mise en exploitation dès le mois de janvier 1906, sans que le public ait paru, d'ailleurs, vouloir en profiter beaucoup.

D'autre part, la ligne téléphonique concédée, en vertu de la convention du 17 juillet 1905, à la Compagnie minière de Mindouli, a été livrée en fin décembre 1906. Elle fonctionne depuis cette date.

Approvisionnements. — Le magasin central du service des Postes et Télégraphes a été transféré à Brazzaville, après la promulgation du décret de réorganisation des possessions du Congo français et dépendances.

LAVAL. — IMPRIMERIE L. BARNÉOUD & Cie.

www.ingramcontent.com/pod-product-compliance
Ingram Content Group UK Ltd.
Pitfield, Milton Keynes, MK11 3LW, UK
UKHW022115190726
13855UKWH00003B/864